Lidia Czyż
Geliebt. Getäuscht. Gefunden.

www.fontis-verlag.com

Meinen Geschwistern Ania und Sławek,
für die gemeinsame Kindheit, sowie Euren Ehepartnern:
Danke für das, was Ihr in mein Leben hineinbringt.

Lidia Czyż

Geliebt.
Getäuscht.
Gefunden.

Eine deutsch-polnische Mosegeschichte

**Bibliografische Information
der Deutschen Nationalbibliothek**
Die Deutsche Nationalbibliothek verzeichnet
diese Publikation in der Deutschen Nationalbibliografie;
detaillierte bibliografische Daten sind im Internet
über www.dnb.de abrufbar.

Die Bibelstelle wurde folgender Übersetzung entnommen:
Revidierte Elberfelder Bibel (Rev. 26) © 1985/1991/2008
SCM R.Brockhaus im SCM-Verlag GmbH & Co. KG, Witten

Titel der polnischen Originalausgabe:
«Tato!»
© 2017 Lidia Czyż, Poland.
Translated and printed by permission.
All rights reserved.

Übersetzung: Ina Frei, Herrnhut

Copyright der deutschen Ausgabe:
© 2018 by Fontis-Verlag Basel

Umschlag: Spoon Design, Olaf Johannson, Langgöns
Umschlagfoto: (Junge:) Frescomovie, shutterstock.com
(Krieg/Hintergrund:) Everett Historical, shutterstock.com
Umschlagfoto U4: Istomina Olena, Elzbieta Sekowska,
shutterstock.com
Satz: Samuel Ryba, Trnava, Slowakei
Druck: Finidr
Gedruckt in der Tschechischen Republik

ISBN 978-3-03848-153-9

Über die Autorin

Lidia Czyż (ausgesprochen: «Tschisch») wurde 1963 als Pfarrerstochter im schlesischen Cieszyn geboren. Sie wurde Lehrerin mit Schwerpunkt Kunsterziehung. Später Mitarbeiterin bei der Frauenseelsorge (Mitorganisatorin von Frauenfrühstückstreffen, Konferenzen für Frauen) und Mitorganisatorin der Evangelisationswoche in Dzięgielów, der größten Zeltevangelisation in Osteuropa. Seit zwanzig Jahren Autorin vieler Artikel für christliche Zeitschriften und Bücher. Lidia ist verheiratet; ihr Mann ist Pfarrer einer lutherischen Gemeinde in Wisła Malinka (www.malinka.org.pl). Die beiden haben zwei Kinder.

Inhaltsverzeichnis

In jeder Geschichte gibt es mehr als nur eine Seite der Wahrheit. Es muss mehr geben. Das ist immer der Fall.

Tosca Lee

Prolog:
Das Geheimnis

Einige Erdklümpchen fielen mit dumpfem Hall auf den Sargdeckel. In diesem Moment schaute die blasse Märzsonne für eine Weile hinter den Wolken hervor, während ich nach wie vor nicht glauben konnte, dass er in diesem hölzernen Kasten lag. Mein Vater. Nein, das war nicht er, das war nur sein irdischer Leib, denn er ...

Die nächsten Trauergäste kamen auf uns zu, als wir am Grab standen, und drückten unsere Hände:

«Meine herzliche Anteilnahme.»

«Möge Gott euren Schmerz lindern.»

«Wir trauern mit euch, aber wir glauben, dass das nicht das Ende ist.»

«Er ist schon in einer besseren Welt.»

Automatisch nickte ich, um allen zu danken, die uns trösten wollten. Allerdings nahm ich sie nur wie durch einen Nebelschleier wahr, und die mitfühlenden Stimmen drangen wie aus weiter Ferne zu mir. Normalerweise war ich der, der andere ermutigte, doch heute waren die Rollen umgekehrt: Jetzt brauchte *ich* stärkende Worte und Unterstützung.

«Es sind viele Leute gekommen ... Man sieht, dass sie ihn sehr geschätzt haben», flüsterte Ania, als der Letzte uns sein Beileid ausgedrückt hatte.

Meine Frau wischte sich die Tränen von den Wangen und ordnete die durcheinanderliegenden Blumen. Es waren so viele, dass sich ein recht großer Haufen gebildet hatte.

Ich zog eine der Schärpen gerade, die von einem Kranz herunterhing, und las die Aufschrift: «Auf Wiedersehen im Haus des Vaters».

Diese Worte drückten die Zuversicht aus, dass der Tod nicht das Ende war, sondern nur ein Übergang. Jetzt war sein Zuhause woanders ...

«Opa war super. Er hat so gelebt, wie er geredet hat», sagte Szymon, unser jüngster Sohn, während er versuchte, seiner Mutter beim Ordnen der Blumen zu helfen.

«Ich glaube, die Juden haben Recht. Sie bringen den Toten Steine und den Lebenden Blumen», kommentierte leise Antek, sein älterer Bruder.

«Er wird mir sehr fehlen», fügte Robert hinzu, unser Erstgeborener, der gleichzeitig Opas Lieblingsenkel gewesen war.

Die jüngeren Brüder hatten Robert wegen dieser besonderen Sympathie des Öfteren geneckt und ihn «Opas Schützling» oder «Opas Liebling» genannt, doch er hatte sich nie etwas daraus gemacht. Für ihn hatte einzig und allein gezählt, dass er zu Opa einen super Draht hatte und dass sie sich ohne Worte verstanden.

Manchmal beneidete ich sie um diese enge Beziehung. Ich selbst hatte meine Großväter leider nie kennen gelernt. Papas Vater, der in den früheren polnischen Ostgebieten eine Poststelle geleitet hatte, war einige Jahre vor Kriegsbeginn gestorben. Papa war das jüngste von neun Kindern, und als er zur Welt kam, waren seine Eltern schon in fortgeschrittenem Alter. Dadurch erlebte mein Opa nicht einmal mehr die Hochzeit seines Sohnes mit.

Der Vater meiner Mutter starb an Erschöpfung in einem Arbeitslager in Sibirien, in das er während des Zweiten Weltkriegs deportiert worden war. Erst als ich sah, was für eine wichtige Rolle der Opa im Leben meiner Söhne spielte, wurde mir bewusst, wie sehr mir eine solche Bezugsperson gefehlt hatte.

«Ja ... wir werden ihn alle vermissen», sagte ich und legte meinen Arm um Robert, «aber das Wichtigste ist, dass wir wissen, wo er jetzt ist.»

Meine Stimme versagte, so bewegt war ich.

«Opa hat einfach seine Adresse geändert», lächelte Antek mit Tränen in den Augen.

Trotz der Traurigkeit, die mein Herz ausfüllte, musste auch ich lächeln.

«Das hast du wunderbar ausgedrückt! Es ist schwer, in Worte zu fassen, wie dankbar ich für ihn bin. Er war ein großartiger Vater und Opa.»

«Ja, das wissen wir, Papa, das wissen wir ...»

Meine Söhne nickten, und ihr Tonfall machte deutlich, dass ich etwas allzu Selbstverständliches gesagt hatte.

In diesem Augenblick kam Tante Hania zu mir, die Schwester meiner Mutter. Ich wusste, dass es auch ihr schwerfiel, sich mit dem Tod ihres lieben Schwagers abzufinden. Sechs Jahre zuvor war ihr Mann gestorben, und noch früher ihr einziger Sohn im Alter von nur zweiundzwanzig Jahren. Jetzt erlebte sie den nächsten Verlust, denn der Mann ihrer geliebten Schwester war gleichzeitig ein guter Freund für sie gewesen. Wir waren ihre nächsten Verwandten.

«Janek ... du hast Glück gehabt, dass er ...», flüsterte sie.

«Ja, ich weiß, es war ein außerordentliches Vorrecht, so einen Papa zu haben», bestätigte ich.

Ich umarmte sie fest, während ihr Körper von einem erstickten Schluchzen geschüttelt wurde.

«Papa, ich danke dir für alles», sagte ich leise, als ich nach allen anderen das Grab verließ. «Du warst der beste Vater der Welt.»

Zwei Wochen später fuhr ich nach dem Sonntagsgottesdienst mit Tante Hania im Auto nach Hause. Ich spürte, dass sie etwas bedrückte. Mir war bewusst, dass sie nach wie vor um meinen Vater trauerte, doch ich vermutete, dass es in diesem Moment um mehr ging. Ich hatte den Eindruck, dass sie mir etwas sagen wollte.

Sollte sie von allem gewusst haben?! Ja, das war sehr wahrscheinlich. Sie hatte eine enge Beziehung zu meiner Mutter, ihrer einzigen Schwester. Abgesehen von wenigen Jahren der Trennung durch den Umzug meiner Mutter von Ostpolen nach Oberschlesien und den anschließenden Krieg hatten sie immer in unmittelbarer Nähe gewohnt. Sie sprachen über alles, waren ähnlich sensibel und hatten dieselben Wertvorstellungen. An erster Stelle kam der Glaube und gleich danach die Familie.

Je länger ich darüber nachdachte, desto sicherer war ich mir, dass Tante Hania Bescheid wissen musste. Gab es vielleicht noch jemanden, der unser Familiengeheimnis kannte? Vielleicht der Bruder meines Vaters, Onkel Andrzej und seine Frau, Tante Maryla?

Obwohl ich vor Anspannung zitterte, wartete ich geduldig, bis sie von selbst anfangen würde zu sprechen.

«Janek, ich muss dir etwas sagen», presste sie nach einer Weile schwer atmend heraus.

«Ja?»

Mein Herz schlug schneller. Ich hatte mich nicht getäuscht, doch ich konnte mir denken, wie schwer es ihr fallen musste, wenn sie tatsächlich das ans Licht bringen wollte, worüber so viele Jahre die Decke des Schweigens gelegen hatte.

«Solange deine Eltern noch gelebt haben, durfte ich nicht darüber sprechen.»

Sie wägte jedes Wort sorgfältig ab.

«Ich hatte es ihnen geschworen ... Deine Eltern wollten es geheim halten ... Aber jetzt bin ich nicht mehr in der Lage, es vor dir zu verbergen.»

Ich umgriff das Lenkrad fester.

«Ja ...?»

«In der Wohnung deiner Eltern befindet sich hinter einem der Bilderrahmen ein Umschlag. Ich weiß nicht, hinter welchem, da musst du nachsehen.»

Tante Hania machte eine lange Pause.

«Darin sind Unterlagen, in denen du etwas Wichtiges finden wirst.» Sie sprach so leise, dass ich sie kaum hören konnte.

Ich schluckte laut. Was hatte sie gesagt? Dass sie meinen Eltern geschworen hatte, kein Wort darüber zu verlieren? Sollte das größte Geheimnis unserer Familie endlich aufgedeckt werden können?

Der Schlüssel dazu befand sich in einem grauen Umschlag, der mir vor vielen Jahren schon einmal in die Hände gefallen war und von dem ich gedacht hatte, er wäre verschwunden, weil ich ihn bis vor wenigen Stunden nie wieder zu Gesicht bekommen hatte.

Ich war lange davon ausgegangen, dass er seinem rechtmäßigen Eigentümer zurückgegeben oder vernichtet worden war. Manchmal überkamen mich Zweifel, ob er überhaupt existiert oder ob ich nur von ihm geträumt hatte. Vor zwei Tagen hatte ich allerdings entdeckt, dass er sich die ganze Zeit in unserer Wohnung befand.

«Ich habe ...», die Worte kamen mir kaum über die Lippen, «den Umschlag gefunden.»

«Wirklich?!»

Abrupt drehte sie sich zu mir.

«Ja», bestätigte ich und nickte. «Am Freitag bin ich auf die Unterlagen gestoßen.»

«Also weißt du schon von allem ...»

Sie seufzte und verbarg ihr Gesicht in den Händen.

«Ja, ich weiß Bescheid.»

Ich parkte das Auto vor dem Haus. Eine Weile blieben wir schweigend nebeneinander sitzen.

«Und ... was jetzt?», fragte sie leise.

Ich hatte keine Ahnung, wie ich diese Frage beantworten sollte.

Fünfundvierzig
Jahre früher

Teil 1:
Kindheit

Frau Sawczukowa ist außer sich

«Seht bloß zu, dass ihr von hier verschwindet! Ihr habt doch schon wieder Schaden angerichtet! Was ist das nur für eine Plage mit diesen Bengeln!»

Die Nachbarin lief mit einem alten Besen in der Hand hinter uns her. Sie schrie so laut, dass sie ganz rot wurde. Die anderen Jungen waren älter und stärker, dadurch entkamen sie mühelos. Mich, den Jüngsten, schnappte sie jedoch am Kragen, als ich mich bückte, um unseren Ball aufzuheben. Ich befürchtete, dass mein Hemd einreißen und ich einen Anpfiff von meiner Mutter bekommen würde, weil sie es erneut nähen musste.

«Wenn ich dich noch einmal auf meinem Hof sehe, dann wirst du dafür büßen!»

Frau Sawczukowa war außer sich.

«Aber wen wundert's? Bei so einem Findling muss man mit allem rechnen!», fügte sie wütend hinzu, während sie wild mit dem Besen über meinem Kopf herumfuchtelte.

Ich zitterte vor Angst, dass ich gleich einen Schlag abbekommen würde, doch glücklicherweise blieb es bei ihrem Geschrei. Erleichtert atmete ich auf, als sie mich endlich losließ.

Eines konnte ich jedoch nicht verstehen: Warum hatte sie mich einen «Findling» genannt? Ich hatte dieses Wort schon einige Male gehört, aber schließlich war ich doch keiner!

Weinend lief ich nach Hause. Ich stürzte durch die Tür und kuschelte mich in Mamas schlanke und gleichzeitig starke Arme. Sie drückte mich fest an sich und wischte mir die Tränen von den schmutzigen Wangen.

Nach einer Weile fragte sie: «Was ist passiert? Habt ihr wieder etwas angestellt? Sag die Wahrheit.»

«Der B-Ball ist auf den H-Hof der Nach-barin gefallen, und dadurch ist der Was-ser-eimer umgekippt ...»

Dieses Mal schluchzte ich vor Schuldgefühlen.

«Das ganze Wasser war verschüttet. Und die anderen haben mich den Ball holen geschickt ...»

«Ich habe dir doch schon so oft gesagt, dass ihr weiter weg vom Haus spielen sollt! Du weißt, dass es nicht leicht ist, das Wasser vom Brunnen herzutragen.»

«Es tut mir leid, Mama! Wir werden das nicht mehr machen.»

Ich bereute wirklich, dass wir so achtlos gewesen waren.

«Du weißt, was du jetzt tun solltest, nicht wahr?»

«Ja ...»

«Und was?»

«Ich muss ... mich bei ihr ... ent-sch-uldi-gen, aber ich habe Angst vor ihr ...»

«Man muss die Konsequenzen von seinem Verhalten tragen. Was der Mensch sät, das wird er ernten.»

«Ich weiß ...»

Ich nickte zustimmend, denn diese Worte hatte Mama mir eingeschärft, seit ich denken konnte.

«Gut, ich entschuldige mich bei ihr, aber ...», erneut schluchzte ich, «warum hat sie mich Findling genannt?»

«Wie?!»

«Findling!»

Mama hob mein Kinn nach oben und schaute mir mit ernster Miene in die Augen. Ich bemerkte, dass ihre Mundwinkel leicht zitterten. Nach einem Moment erklärte sie:

«Liebling, die Leute sagen im Zorn manchmal unschöne Sachen, ohne sich über den Sinn Gedanken zu machen. Sie hat das gesagt, weil sie wütend war. Vergiss es einfach, denn es hat keinerlei Bedeutung.»

Sie legte den Arm um mich und drückte mich fest an sich. Zur Vergewisserung fragte ich:

«Ich bin doch kein ... Findling, oder?

«Natürlich nicht!», verneinte sie heftig. «Du bist überhaupt kein Findling! Du bist unser geliebter Sohn!», stellte sie entschieden fest und streichelte mir über den Kopf. «Unser echter, geliebter Sohn! Aber mit Frau Sawczukowa werde ich ... sprechen.»

Ein Jahr
später

Wann kommt Papa heim?

«Janek, ab ins Bett!»

Mama hob das große Federbett hoch, unter das sie vorher eine Bettflasche mit heißem Wasser gelegt hatte. Die Flasche war in ein Handtuch eingewickelt, damit ich mich nicht daran verbrühte.

Vor kurzem hatte das für den November typische Regenwetter begonnen, und im Haus wurde es immer kühler. Ich kniete mich auf meine Matratze, und Mama legte die Decke so über mich, dass nur noch mein Kopf herausschaute. Sie kniete sich auf den Boden neben mein Bett und faltete die Hände.

«Vater unser im Himmel …»

Ich kannte das Gebet auswendig, das wir, soweit ich zurückdenken konnte, immer vor dem Schlafengehen sprachen. Im Anschluss daran dankte ich mit eigenen Worten für meine Eltern und betete, dass Papa so bald wie möglich aus dem Sanatorium zurückkehren würde, in dem er schon so lange war.

«Mama», ich schlang meine Arme um ihren Hals, «du hast gesagt, dass Papa wiederkommt, wenn die Blätter von den Bäumen fallen.»

«Liebling, die Blätter halten sich noch», antwortete sie und bemühte sich um einen zuversichtlichen Gesichtsausdruck. Dennoch spürte ich, dass sie sehr traurig war. Ich wusste, dass auch sie Papa vermisste.

«Hörst du, wie der Wind pfeift?», sagte ich und horchte. «Morgen wird kein einziges Blatt mehr auf den Bäumen sein. Bitte, Mama, lass uns auf den Bahnhof gehen und nachschauen, ob Papa wiederkommt.»

«Aber er kann nicht …»

«Bitte, lass uns morgen gehen!»

Flehend faltete ich die Hände.

«Gut, gut, wir werden nachschauen», stimmte sie seufzend zu, küsste mich auf die Stirn und erhob sich von ihren Knien. «Schlaf schön.»

«Du auch, Mama.»

In der Überzeugung, dass Papa morgen aus dem Zug steigen würde, wenn wir auf dem Bahnhof auf ihn warteten, schlief ich glücklich ein.

Wie versprochen gingen wir am Nachmittag des nächsten Tages zum Bahnhof und setzten uns auf eine Bank auf dem Bahnsteig. Ich beobachtete fasziniert die vorüberfahrenden Züge. Jedes Mal, wenn sich eine Lokomotive näherte, fasste mich Mama bei der Hand und schärfte mir ein, nicht zu nah an die Gleise zu gehen.

Seit drei Monaten besuchte ich die Schule und kannte schon die ersten Zahlen, deshalb begann ich, die vorbeifahrenden Waggons zu zählen, während ich auf Papa wartete. Als jedoch ein Güterzug vorbeirollte, kam ich mit dem Zählen nicht hinterher, weil er sehr schnell fuhr. So beschloss ich, mich nur auf die Personenzüge zu konzentrieren.

Immer wieder kam ich jedoch durcheinander, weil ich gleichzeitig auf die aussteigenden Passagiere achtete. Aus jedem Waggon stiegen einige Leute aus: Frauen mit Einkaufsnetzen und Männer in dicken Mänteln mit Koffern oder abgenutzten Aktentaschen.

Leider war Papa nicht unter ihnen.

«Warum ist Papa nicht gekommen?», fragte ich Mama traurig, als wir wieder nach Hause gingen. «Ich vermisse ihn so sehr!»

«Offensichtlich ist er noch nicht richtig gesund und muss länger im Sanatorium bleiben.»

«Aber kann er nicht wenigstens für einen Tag nach Hause kommen?»

Ich ließ nicht locker. Zugleich bemühte ich mich, tapfer zu sein und nicht zu weinen.

«Der Doktor hält es sicher für besser, wenn er dort bleibt. Er will ganz bestimmt, dass Papa vollkommen gesund zu uns zurückkommt.»

«Können wir ihn nicht wenigstens besuchen fahren?»

«Er ist sehr weit weg.»

«Vielleicht ist er morgen wieder gesund?! Können wir wieder zum Bahnhof gehen?»

«Gut ... machen wir», stimmte Mama erneut zu.

Auch am folgenden Tag warteten wir jedoch vergeblich ...

Nichts war in der Lage, mich zu entmutigen. Abend für Abend überredete ich Mama, dass wir am nächsten Tag zum Bahnhof gingen. Jedes Mal willigte sie ein. Wir setzten uns auf die Bank, und ich zählte die vorbeifahrenden Waggons ...

Bald fiel der erste Schnee, und wir begannen, uns auf das Weihnachtsfest vorzubereiten. An den Abenden machte ich beim Licht einer schwachen Glühbirne aus den Schnipseln einer alten Zeitung und aus grauem Verpackungspapier lange Ketten für den Weihnachtsbaum.

«Liebling, ich habe eine Idee», erklärte Mama, als ich voller Eifer dabei war, die nächsten Kettenglieder miteinander zu verbinden. «Wir bereiten für Papa ein Weihnachtspäckchen mit Essen vor!»

«Ja!» Ich fiel Mama um den Hals. «Ich lege ihm eine Kette dazu und mache noch einen Engel, wie es mir Tante Hania beigebracht hat. Ich zeige es dir gleich! Und eine Karte schreibe ich für Papa!»

«Oh, das ist toll! Papa wird sich ganz bestimmt wundern und sich sehr freuen, dass er einen so klugen Sohn hat, der sogar schon schreiben kann», versicherte Mama.

Glücklich lief ich mit ihr zur Post, um das Päckchen aufzugeben. Mama hatte noch einen dicken Pullover und neue Socken hineingetan, die sie nur mit Mühe bekommen hatte, denn in den Geschäften musste man für alles viele Stunden in der Schlange stehen. Ganz oben hatte sie einen großen Brotlaib draufgelegt, der sorgfältig in ein Leinentuch eingewickelt war.

In der Mitte des Kartons war meine Karte, auf die ich vorn unsere Familie gemalt hatte, wie sie um den Weihnachtsbaum stand. Auf die Rückseite hatte ich mit Mamas Hilfe geschrieben: «Ich libe Dich, Papi». Mama hatte das «i» so geschickt in ein «ie» korrigiert, dass es kaum zu erkennen war.

Es war das traurigste Weihnachtsfest, an das ich mich erinnern konnte. Und das, obwohl Mama den Kachelofen stärker als sonst angeheizt, die Kerzen auf dem Weihnachtsbaum angezündet, zusammen mit Tante Hania den Tisch wunderschön gedeckt und leckeres Essen zubereitet hatte, das es sonst nur selten bei uns gab.

Den einzigen Trost schöpfte ich aus dem Gedanken, dass Papa sich riesig über unsere Geschenke freuen würde.

«Mama, wird Papa meine Karte in seinem Zimmer aufstellen?»

«Mit Sicherheit, Janek, ganz bestimmt ...»

Sie streichelte über meinen Kopf, doch ihr Blick war traurig.

«Und ist ihm auch nicht kalt?»

«Ich hoffe nicht. Er hat doch einen dicken Pullover und Socken von uns bekommen.»

Glücklicherweise waren an Heiligabend Tante Hania und Oma bei uns. Dennoch kamen mir die Tränen, als wir das Weihnachtslied über Josef sangen, wie er sich um seinen kleinen Sohn kümmerte. Tomek, mein älterer Freund aus der Nachbarschaft, sagte zwar, dass Jesus gar nicht der echte Sohn von Josef sei, sondern nur sein Adoptivkind, aber hatte das irgendeine Bedeutung?

Am ersten Weihnachtsfeiertag gingen wir in die Kirche. Weil mein Vater Pastor einer kleinen Gemeinde war, betonten die

Leute seit seiner Abfahrt ins Sanatorium immer wieder, wie gut Mama mit allem zurechtkam.

«Gibt es irgendeine Nachricht von Piotr?», wurde sie nach jedem Gottesdienst gefragt.

«Ich weiß leider nur, dass …»

An dieser Stelle schickte Mama mich meistens zu den anderen Kindern oder wurde so leise, dass ich nichts mehr verstehen konnte.

Ich war stolz auf sie, aber ich wünschte mir trotzdem von Herzen, dass Papa endlich zurückkam. Alle warteten darauf.

Inzwischen lag Weihnachten schon fast einen Monat zurück. Wir waren gerade dabei, den Tannenbaum wegzuwerfen, weil die Nadeln von ihm abfielen, als der Briefträger mit der Nachricht kam, dass ein Päckchen zur Abholung für uns auf der Post läge.

«Das muss von Papa sein!», freute ich mich innerlich. «Er hat es bestimmt schon viel früher losgeschickt, und es ist nur nicht rechtzeitig angekommen. Vielleicht ist ein Geschenk für mich darin?», überlegte ich, doch ich traute mich nicht, meine Gedanken laut auszusprechen.

Am nächsten Tag wachte ich erst ziemlich spät auf, genau in dem Moment, als Mama von der Post zurückkam. Sofort sprang ich aus dem Bett. Mama stellte das Päckchen gerade auf den Tisch. Es wunderte mich, dass es täuschend ähnlich wie das aussah, das wir selbst weggeschickt hatten …

Langsam öffnete sie es, schaute hinein und verbarg ihr Gesicht in den Händen. Ich kletterte auf den Stuhl, um zu sehen, was darin war. Erschrocken schaute ich zu Mama. Sie weinte. Nach einer Weile konnte auch ich die Tränen nicht mehr zurückhalten. Den Anblick des verschimmelten Brotes werde ich niemals vergessen.

Zwei Jahre
später

Tante Olgas Lapsus

«Zenia, Karol, Janek, Mittagessen!», rief uns Tante Olga.
Ich mochte die östliche Sprachmelodie in ihrer Stimme. Sie war ähnlich wie bei Tante Hania, und manchmal, wenn auch schwächer, war sie sogar in der Stimme meiner Eltern zu hören.

Das waren meine ersten Ferien ohne Mama und Papa. Die Eltern von Karol hatten mich für einige Tage eingeladen, und ich freute mich sehr über diese Zeit. Sein Vater, den ich Onkel nannte, war Geistlicher in einer Kleinstadt im Ermland.[1]

Das wunderschöne Wetter, die große Freiheit, die weiten Felder, über die wir fast den ganzen Tag laufen konnten, aber vor allem die Anwesenheit meines älteren Freundes, der mir sehr imponierte, ließen den Wunsch in mir aufsteigen, dass diese Ferien niemals zu Ende gehen möchten, obwohl ich trotz allem auch meine Eltern vermisste.

Karol und ich spielten stundenlang an der frischen Luft, ohne hungrig zu werden. Wir sammelten Heidelbeeren und Walderdbeeren. Ringsherum gab es außerdem Apfelbäume, deren Äpfel zwar noch nicht ganz reif und deshalb sauer waren, die aber dennoch unsere Bäuche füllten. Erst wenn Tante Olga uns zum Essen rief, merkten wir, wie groß unser Hunger eigentlich doch war.

So war es auch an diesem Tag. Wir stürzten in die Küche und setzten uns sofort an den Tisch.

«Und eure Hände?!»

Im Scherz drohte Tante Olga uns mit der Suppenkelle. Nur Zenia hatte es nicht vergessen, und als wir lachend ins Bad

---

[1]Landschaft im ehemaligen Ostpreußen. Nach dem Zweiten Weltkrieg wurde die Region unter polnische Verwaltung gestellt. Heute ist sie größtenteils integriert in eine der sechzehn Woiwodschaften (Verwaltungsbezirke) der Republik Polen: «Ermland-Masuren» liegt im Nordosten des Landes.

liefen, in dem auf einem gusseisernen Ständer eine Metall-
schüssel stand, wusch sie sich bereits mit der graubraunen
Seife die Hände. Zum Abspülen schöpfte sie mit einem kleinen Topf kaltes Wasser aus dem Zinneimer, der auf dem Boden stand, und goss es sich über ihre Hände.

«Wascht euch gründlich, denn ich kontrolliere!», rief Tante
Olga aus der Küche.

Nachdem sie unsere Hände tatsächlich peinlich genau
überprüft hatte, durften wir uns endlich an den Tisch setzen.
Sie sprach ein kurzes Gebet und füllte die dampfende Suppe
in unsere tiefen Teller, von denen jeder zu einem anderen Set
gehörte und leicht angeschlagen war. Dazu bekamen wir eine
dicke Scheibe Brot. Wir verputzten alles mit großem Appetit.

«Ihr kleinen Nimmersatte ... Aber esst ruhig, ich gebe euch
gern noch mehr», versicherte Tante Olga, als sie neben uns
Platz nahm und auch ihren Teller mit Suppe füllte. Bevor sie
jedoch zu essen begann, sagte sie nachdenklich:

«Gott sei Dank, dass ihr keinen Hunger leiden müsst ... Der
Krieg ist vor zehn Jahren zu Ende gegangen, aber ich kann
nicht aufhören, daran zu denken, was wir durchgemacht haben und wie schlimm die Hungersnot damals war.»

Wir hielten inne und schauten uns an. Einerseits konnten
wir uns diese Zeiten nicht vorstellen, andererseits wussten
wir, wie schmerzhaft die Erinnerungen an die Jahre der deutschen Besatzung für unsere Eltern und Großeltern waren.

«Das vergisst man lieber», hatten wir des Öfteren gehört.
Nur manchmal, wie in diesem Moment, rief ein banaler Auslöser die dramatischen Ereignisse von vor wenigen Jahren
wieder ins Gedächtnis.

Während Tante Olga zum Fenster schaute, redete sie weiter, und es war, als hätte sie unsere Anwesenheit vergessen:

«So viele Kinder hatten nichts zu essen und sind vor Hunger gestorben ... und was hier in diesen Gebieten los war ...

das lässt sich nicht in Worte fassen … Es sind unzählig viele Menschen ums Leben gekommen. Und ihre Kinder … Die armen Kleinen haben ihre Eltern verloren und wussten nicht einmal, ob und wo sie begraben wurden.

Das Schicksal der Waisen hat einen unterschiedlichen Lauf genommen. Manche wurden von den Großeltern oder Verwandten aufgenommen, andere kamen in ein Waisenhaus, in so eines, wie wir hier hatten», seufzte sie und schaute mich an, als wenn sie aus einem Traum gerissen worden wäre. «Und deine Familie, Janek? Weißt du etwas über sie?»

«Meine Familie …?», fragte ich vollkommen überrascht.

«Na, deine *richtigen* Eltern.»

«Meine richtigen …? Du kennst sie doch!»

Ich verstand absolut nicht, worum es ging.

«Ich kenne sie?»

Tante Olga machte eine lange Pause. Ich sah den verwunderten Blick von Karol und Zenia.

«Ihr kennt sie doch schließlich alle … Mama Sonia und Papa Piotr!», sagte ich mit unsicherer Stimme und schaute sie verwirrt an.

«Ja … natürlich! Selbstverständlich kennen wir sie! Ich habe etwas durcheinandergebracht.»

Tante Olga schlug sich mit der Hand an die Stirn.

Zenia und Karol nickten, um die Worte ihrer Mutter zu bestätigen.

«Natürlich! Bitte entschuldige, Janek! So viele Kinder sind bei uns ein- und ausgegangen», erklärte sie. «Weißt du, in dem Haus nebenan, das jetzt von der Militärverwaltung geleitet wird», sie zeigte durch das Fenster auf ein großes, zweistöckiges Gebäude mit Dachgeschoss, «hatten wir zwei Jahre nach dem Krieg von der Kirche aus ein Waisenhaus gegründet.»

Tante Olga sprach sehr schnell, und ich spürte, dass sie ihr ungeschicktes Versehen rechtfertigen wollte.

«Onkel Andrzej, der Bruder von deinem Vater, hatte einen großen Anteil daran. In diesem Waisenhaus lebten über dreißig Kinder. Die jüngsten waren zwei Jahre alt, die ältesten ungefähr dreizehn. Wir haben viel Energie in die Renovierung dieses zerstörten Gebäudes gesteckt, aber nach zwei Jahren hat es der Staat übernommen und ans Militär übergeben. Es tat uns schrecklich leid um die Kinder. Wir konnten sie nicht einfach zurücklassen.»

In ihren Augen sah ich Tränen.

«Wir haben damals in Windeseile gute, gläubige Eltern für sie gesucht. Ich erinnere mich noch an den kleinen zweijährigen Michał. Eine Mitarbeiterin des Waisenhauses, Tante Ludmila, hat ihn adoptiert. Die älteren Kinder wurden in verschiedenen Kinderheimen untergebracht. Wir denken immer wieder an sie. Was wohl aus ihnen geworden ist? Mir ist alles durcheinander geraten ... Entschuldige nochmals, Janek!»

Karol und Zenia atmeten erleichtert auf. Ja, zweifellos hatte Tante Olga irgendetwas verwechselt. Beruhigt aß ich meine Suppe zu Ende und lief danach mit Karol nach draußen.

«Passt im Wald auf!», rief Karols Mutter uns hinterher.

Sie schärfte uns jedes Mal ein, auf keinen Fall an die Stellen zu gehen, wo Schilder mit der Aufschrift «Vorsicht, Minen!» aufgestellt waren. Es wurde von Leuten erzählt, die diese Warnschilder missachtet hatten und ums Leben gekommen waren, deshalb waren wir vorsichtig.

«Wenn du adoptiert worden wärst, würdest du es eigentlich wissen wollen?», fragte Karol, als er sich auf einen am Boden liegenden Baumstamm setzte.

«Wahrscheinlich schon ... Und du?»

Ich nahm neben ihm Platz.

«Ich auch. Aber im Grunde würde es sowieso nichts ändern. Naja, vielleicht würde ich versuchen herauszufinden, wie meine richtigen Eltern hießen und wo sie begraben sind.

Ich weiß nur nicht, ob das möglich wäre?», überlegte mein Freund.

«Ja, es könnte schwierig sein ...», bestätigte ich.

«Zum Glück betrifft uns das nicht», erklärte Karol. Dann sprang er auf und rief: «Jetzt bist du dran mit Fangen!», und lief davon.

Ich rannte hinter ihm her, aber wie immer hatte ich keine Chance, ihn einzuholen.

Ein Jahr
später

Gute Nachrichten

Wir waren gerade beim Mittagessen, als es an der Tür klopfte. Papa stand auf, um zu öffnen, und brach in Freudenrufe aus:

«Gott sei Dank! Gott sei Dank!»

«Wer ist denn gekommen?» Mama kam aus der Küche gelaufen, ich hinterher.

«Sie haben Andrzej freigelassen!», hörte ich Papas Stimme. «Krzysztof kam gerade dienstlich aus Warschau und hat die Gelegenheit genutzt, um uns davon zu berichten.»

«Dem Herrn sei alle Ehre! Endlich!», rief Mama und klatschte in die Hände.

Freigelassen? Jemand hatte Onkel Andrzej gefangen gehalten? Ich verstand nicht, wovon sie sprachen, aber ich traute mich nicht nachzufragen.

In diesem Moment wurde mir bewusst, dass ich Andrzej seit langem nicht mehr gesehen hatte. Ich konnte mich fast nicht mehr erinnern, wie er überhaupt aussah. Wann war er das letzte Mal bei uns gewesen? Er war auch früher nicht sehr oft zu uns gekommen, aber jetzt war es schon eine Ewigkeit her; ich war mir nicht sicher, aber vermutlich seit der Zeit, als Papa für einige Monate im Sanatorium war? Meine Eltern hatten das nie erwähnt, und ich hatte nicht danach gefragt. Mir war beigebracht worden, dass bestimmte Dinge «nichts für Kinder» waren. Wie viel Zeit mochte wohl vergangen sein? Zwei, vielleicht drei Jahre ...

«Krzysztof, komm herein», lud Mama ihn ein.

«Leider habe ich keine Zeit. Gleich fährt mein Zug zurück nach Warschau», erklärte er. «Ich wollte nur schnell vorbeikommen und euch die guten Neuigkeiten ausrichten.»

«Das sind wirklich sehr gute Nachrichten! Vielen Dank! Ich versuche, so bald wie möglich nach Warschau zu kommen, um Andrzej zu sehen», versicherte Papa. «Umarme ihn herzlich, wenn du ihn siehst! Natürlich auch Maryla und die Jungs!»

Als Krzysztof gegangen war, nahm Papa Mama in den Arm. Ich sah, wie bewegt beide waren.

«Endlich frei!», wiederholten sie, während sie abwechselnd lachten und weinten. «Gott sei Dank! Heute haben wir das erlebt, was geschrieben steht: ‹… um den Armen gute Botschaft zu bringen, den Gefangenen ihre Freilassung zu verkünden, den Blinden zu sagen, dass sie sehen werden, den Unterdrückten die Freiheit zu bringen …!»

Papa kannte Gottes Wort in großen Teilen auswendig und zitierte es oft, aber ich verstand in diesem Moment nicht, worum es ging. Ich wurde immer neugieriger, wo Onkel Andrzej so lange gewesen war, doch ich wusste, dass es sich nicht gehörte, danach zu fragen, weil es sich um Angelegenheiten der Erwachsenen handelte.

Da Mama und Papa vollkommen vergessen hatten, dass das Mittagessen noch auf dem Tisch stand, aß ich allein zu Ende und räumte anschließend den Tisch ab.

Ein Jahr
später

Andrzej kommt zu Besuch

Ich kam aus der Schule zurück, öffnete die Tür und sah meine Eltern mit einem großen, aber sehr abgemagerten Mann im Flur stehen, der offensichtlich gerade zu Besuch gekommen war. Er erinnerte mich an jemanden, aber mir fiel nicht ein, an wen.

«Andrzej, es ist eine riesige Überraschung, dass du gekommen bist! Lass uns ins Wohnzimmer gehen», lud Papa ihn ein. «Wir freuen uns so sehr, dass du hier bist!»

Erst in diesem Moment fiel es mir wie Schuppen von den Augen: Es war Onkel Andrzej! Auf den Fotos von vor einigen Jahren sah er vollkommen anders aus: gut gebaut und stark.

Nachdem Papa und Mama ihn begrüßt hatten, wandte sich Onkel Andrzej an mich.

«Janek, wie du gewachsen bist!», wunderte er sich und legte seinen Arm um mich. «Aber ja, es sind über drei Jahre vergangen. Meine eigenen großen Jungs sind inzwischen schon erwachsene Männer, und mein Mariusz war noch so klein, als das passiert ist.» Er hielt seine Arme so, als würde er ein Baby halten. «Und jetzt geht er schon in den Kindergarten.»

Ich wusste nicht, was sich ereignet hatte und warum Onkel Andrzej sich so wunderte.

«Schade, dass du nicht Bescheid gegeben hast, dass du kommst! Ich habe nur noch den Rest Kuchen von Sonntag da ...», entschuldigte sich Mama, während sie in die Küche ging, um Wasser für Tee aufzusetzen.

«Sonia, das hat sich erst im letzten Moment ergeben», erklärte Onkel Andrzej. «Außerdem möchte ich noch vorsichtig sein, um niemanden in Probleme zu bringen. Ihr wisst ja selbst ... Ich kontrolliere die ganze Zeit, ob mir niemand folgt.» Er sprach leiser. «Und nach dieser ekelhaften Kohlrübensuppe, die wir jeden Tag zu essen bekommen haben, ist jeder Kuchenkrümel für mich ein echter Leckerbissen. Und Gerstengrütze kann ich wahrscheinlich bis zu meinem Lebensende nicht mehr sehen! Bronek sagte, dass er seine Frau bitten wird, einen riesigen Topf Gerstengrütze zu kochen, den er dann hochkant aus dem Haus werfen wird!»

Erstaunt schaute ich Onkel Andrzej an. Mir war beigebracht worden, dass selbst der kleinste Rest Essen nicht weggeworfen werden durfte. Man musste so hart dafür arbeiten, und es war schwierig, etwas im Laden zu bekommen – und da sprach Onkel Andrzej davon, einen ganzen Topf mit Essen wegzuwerfen?

«Piotr, vielen Dank noch einmal für deine Hilfe bei meiner Freilassung!» Onkel Andrzej wandte sich an Papa. «Das werde ich dir nie vergessen!»

«Andrzej, es gibt nichts, wofür du dich bedanken müsstest! Es ist schlimm, dass du das so lange ertragen musstest! Ich habe getan, was ich konnte, aber erst nach *seinem* Tod ist es gelungen ...»

Nach wessen Tod?, fragte ich mich. Das, was sie sagten, war nach wie vor vollkommen rätselhaft für mich, wurde mit jedem Satz aber auch interessanter.

«Du hast so schrecklich abgenommen!», bedauerte Mama.

«Ach, durch Marylas liebevolle Fürsorge bringe ich sogar schon wieder ein paar Kilo mehr auf die Waage! Unmittelbar nach der Entlassung seien von mir nur noch Haut und Knochen übrig gewesen, das haben zumindest die anderen gesagt. Piotr kann bestätigen, dass ich inzwischen schon wieder entschieden besser aussehe.»

«Ja, das stimmt!», pflichtete Papa ihm bei.

Nach was für einer Entlassung? Ich wurde immer neugieriger, wo Onkel Andrzej gewesen war, wenn er die ganze Zeit Kohlrübensuppe essen musste. Tante Hania hatte einmal gesagt, dass die Leute während des Krieges so etwas gegessen hatten. Da war es nicht verwunderlich, dass Onkel Andrzej so dünn geworden war. Aber bei welchem Krieg soll er gewesen sein? Der Krieg war doch schon lange vorbei, und ich hatte von keinem neuen gehört! Oder war dieser Krieg irgendwo weiter weg?

Unzählige Fragen gingen mir durch den Kopf, aber ich war mucksmäuschenstill aus Angst, Mama und Papa würden mich sofort in mein Zimmer schicken, sobald ich mich zu Wort meldete.

Ich wartete, was Onkel Andrzej weiter erzählen würde. Doch gerade als er fortfahren wollte, war der Tee fertig gekocht, und Mama lud ihn und Papa ins Wohnzimmer ein, während sie mir auftrug, meine Hausaufgaben zu machen. Ich wusste, dass es keine Diskussion gab. Gehorsam, wenn auch höchst ungern, blieb ich in der Küche und breitete meine Schulbücher auf dem Tisch aus.

Zum Glück hatte Papa die Tür nicht richtig geschlossen, wodurch einige Gesprächsfetzen bis zu mir drangen. Ich schob meinen Stuhl so nah wie möglich an die Tür, von wo aus ich sie deutlicher hören konnte.

«Du musst nicht darüber sprechen, wenn es dir schwerfällt», sagte Mama fürsorglich.

«Inzwischen geht es ... Es ist fast ein Jahr vergangen. Am Anfang, bei Piotrs erstem Besuch, war es noch zu schwierig, Worte für das Erlebte zu finden ...», hörte ich Onkel Andrzej sagen. «Auch wenn ich das alles mit Sicherheit niemals vergessen werde. Schon auf dieser Konferenz, damals im September 1950, wusste ich, dass sie das Gebäude umstellt hatten. Einer der Abteilungsleiter hatte mich außerdem vorher gewarnt und mir gesagt, dass wir in ihren Augen wie Schafe seien, die zum Schlachten bestimmt sind.»

Was für Schafe?! Ich verstand nicht, wovon er sprach, deshalb hörte ich noch aufmerksamer zu. Onkel Andrzejs Bericht war so spannend, dass ich nicht aufhören konnte zu lauschen, obwohl ich wusste, dass sich das eigentlich nicht gehörte.

«Hat Maryla euch erzählt, wie sie uns durchsucht haben? Die ganze Nacht … Sie haben die Wohnung auf den Kopf gestellt, Matratzen aufgeschlitzt und jedes Blatt Papier kontrolliert. Sie haben nach Dollarscheinen gesucht. Fast zwanzig Leute haben sie verhört.»

Dollar? Die durfte man doch gar nicht haben! Ich erschrak bei dem Gedanken, dass Onkel Andrzej etwas Verbotenes besessen haben könnte. Vorsichtig und ganz leise rückte ich zentimeterweise noch näher an die Tür.

«Sie haben mich zur U-Haft in einen dunklen, nach Exkrementen stinkenden Betonkeller auf der Koszykowa-Straße gebracht.»

Ich stellte mir vor, was für ein abscheulicher Ort das gewesen sein musste. In unserem Mietshaus hatten wir auch einen Keller, vor dem ich panische Angst hatte. Wenn Mama Gläser mit Eingewecktem holte, die sie im Keller aufbewahrte, blieb ich immer oben und wartete dort auf sie.

«Der Gestank von Urin brannte wie Essig, auf dem Boden lagen zwei modrige Strohsäcke, in denen vom Stroh kaum noch etwas übrig geblieben war, wodurch man im Grunde auf dem blanken Beton schlief.»

Onkel Andrzej sprach laut, so dass ich alles problemlos verstand.

Wo war er bloß gewesen? Im Gefängnis? Mein Entsetzen wurde immer größer. Ich hielt den Atem an.

«Ich schlief ein und verlor das Zeitgefühl. Es war wahrscheinlich Abend, als sie mich zum Verhör holten. Sie brachten mich in ein großes, beleuchtetes Zimmer, setzten mich in eine Ecke, befahlen mir, die Hände auf die Knie zu legen, und verhörten mich vierundzwanzig Stunden lang. Alle paar Stunden wechselten sie sich ab, während ich bewegungslos auf meinem Platz sitzen musste. Sie brüllten mich an, dass wenn ich auch nur den kleinen Finger regen würde ... ach, es ist schade um jedes Wort, das man darüber verliert ...

Jedenfalls war's eine schreckliche Qual. Ich musste aufs Klo und sagte, dass ich es nicht mehr länger halten könne. ‹Dann wirst du es auflecken!›, schrie der Oberst. Er schubste und trat mich, als wir gingen. Wenn uns jemand entgegenkam, drückte er mein Gesicht an die Wand. Ich durfte mich davon überzeugen, wie einfach es war, die Würde des Menschen mit Füßen zu treten ... Aber das Schlimmste war, dass das Polen mit uns gemacht haben, unsere eigenen Landsleute!»

Sogar in der Küche hörte ich, wie seine Stimme vor Aufregung zitterte. «Sie haben mir Spionage für die USA vorgeworfen, also Landesverrat. Im Übrigen weißt du ja selbst, dass sie uns allen dasselbe unterstellt haben.»

Onkel Andrzej war wegen Spionage angeklagt worden! Es verschlug mir die Sprache. Deshalb hatten sie ihn also eingesperrt!

Aber ... es war unmöglich, dass er Polen verraten haben sollte! Wie oft hatte Papa betont, wie ihre Eltern sie erzogen hatten: in der Liebe zum Vaterland. Deshalb verstand ich nicht, wieso Onkel Andrzej zu Papa sagte, dass ihnen allen dasselbe vorgeworfen wurde. Wem? Papa ...?!

Langsam wurden mir bestimmte Fakten klar. Wahrscheinlich war Papa auch ... im Gefängnis gewesen? Aber wann? Etwa damals, als er angeblich im Sanatorium war? Ich legte meine Hand auf den Mund, um nicht vor Schreck aufzuschreien. Ich stand leise auf und rückte Stuhl und Tisch noch einmal um einige Zentimeter näher an die Tür.

«Haben sie dich auch so verhört?»

«Nein», antwortete Papa mit erstickter Stimme. «Ohne Folter. Bei meinem Gesundheitszustand hätte ich das wahrscheinlich gar nicht überlebt ... Aber sie haben mich psychisch gequält. Trotzdem danke ich Gott, dass es in Kattowitz insgesamt leichter war.»

«Stimmt, mit deinem schwachen Herzen ... Gott sei Dank, dass ich einen starken Organismus habe. Es hat mich nicht gewundert, dass manche zusammengebrochen sind und alles unterschrieben haben, was ihnen vorgelegt wurde. Sie haben mir gedroht ... Ach, ich werde nicht wiederholen, wie. Dann haben sie mich in eine andere Zelle gebracht. Dort stand ein Holzeimer mit Deckel, der Boden war mit Sägespänen bestreut, in der Ecke lagen ein Strohsack, in dem kein Stroh mehr war, und drei dünne Decken.

Auf dem Flur brannte eine schwache Glühbirne, und über der Tür war eine vergitterte kleine Öffnung. Ich habe in der ersten Zeit mit dem stellvertretenden Kommandanten der Geheimpolizei in Tomaszow zusammen gesessen. Er war ein deutscher Kriegsgefangener, der den Polen in die Hände gefallen war. Er hat mir beigebracht, wie ich mich zu verhalten hatte, denn sie haben uns dressiert wie Hunde.

Wenn sie an die Tür getreten haben, hatten wir aufzustehen; wenn wir das Klappern von Geschirr hörten, mussten wir uns hinsetzen und die Hände auf die Knie legen. Morgens gaben sie uns nur entsetzlich süßen Getreidekaffee und eine Scheibe Schwarzbrot, das sie einfach in die Zelle auf den Boden geworfen haben. Zum Mittagessen bekamen wir Suppe mit Gerstengrütze und zum Abendbrot Kohlrübensuppe. Die ganze Zeit stand einer mit Maschinenpistole auf dem Gang. Und das ging drei Jahre lang so ...»

Ich begann, die Fakten zu verbinden. Deshalb hatte Onkel Andrzej die Kohlrübensuppe als ekelhaft bezeichnet, und sein Freund konnte keine Gerstengrütze mehr sehen! In meinem Kopf wiederholten sich ständig die Worte «drei Jahre». Jetzt verstand ich, warum Onkel Andrzej so lange nicht bei uns gewesen war.

«Mein Gott ...», seufzte Mama. «Aber hat denn ...»

Ich verstand nicht, wonach sie fragte, also näherte ich mich noch ein bisschen mehr der Wohnzimmertür.

«Die Flöhe haben uns zugesetzt. Es war verboten, sich ein Kopfkissen zu machen, die Kleidung musste auf einem Stapel zusammengelegt werden. Sie haben uns unablässig durch den ‹Türspion› beobachtet. Morgens hatten wir zehn Minuten Zeit, uns mit kaltem Wasser über einem langen Blechtrog zu waschen. Danach machten wir den Toiletteneimer sauber, putzten die Zelle und behandelten diese anschließend mit Chlor. Das war zumindest eine Gelegenheit, sich ein klein wenig zu bewegen, denn den Rest des Tages mussten wir in der Dunkelheit auf den Matten sitzen.

Die Stunden zogen sich erbarmungslos in die Länge. Und wenn wir uns endlich hinlegen durften, führten sie ihre nächtlichen Verhöre durch, während denen wir uns nicht bewegen durften. Sie dauerten normalerweise die ganze Nacht hindurch, zwölf Stunden lang. Wenn wir dann völlig erschöpft in unsere Zelle zurückkamen, verboten sie uns selbst das kürzeste Nickerchen. Das hat einige schon nach kurzer Zeit in den Wahnsinn getrieben.»

Mama fragte etwas, aber ich konnte sie nicht richtig hören.

«Sie haben mir versprochen, dass sie mich freilassen, wenn ich zugebe, spioniert zu haben, und wenn ich unterschreibe, was sie mir vorlegen.»

Papas Stimme zitterte.

Ich hatte mich nicht getäuscht! Diese Worte vergewisserten mich in meiner Annahme, dass auch Papa im Gefängnis gewesen war!

«Bei mir war es genau dasselbe! Sie haben mir ein Protokoll zum Unterschreiben gegeben, aber ich habe abgelehnt», erklärte Onkel Andrzej. «Als ich ihnen sagte, dass es falsch geschrieben sei, schlug mir der Oberst mit voller Wucht ins

Genick. Ich hatte das Gefühl, mein Kopf wäre abgehackt worden und würde über den Boden rollen ... Diesen fürchterlichen Schmerz spüre ich heute noch.»

«Oh mein Gott!», rief Mama und lief ins Bad.

Erschrocken rückte ich von der Tür weg. Auch mir war schlecht geworden, und ich hatte Angst, dass ich mich jeden Moment würde übergeben müssen oder durch irgendeinen Aufschrei verraten würde, dass ich die ganze Zeit lauschte und Dinge hörte, die mit Sicherheit nicht für die Ohren eines Kindes bestimmt waren.

«Ich hätte das gar nicht erzählen sollen!», sagte Onkel Andrzej zu Papa.

Ich setzte mich aufrecht an den Tisch, damit niemand merkte, dass ich irgendetwas mitbekommen hatte. Allerdings schlug mein Herz so laut, dass ich befürchtete, jeder würde es hören.

Nach einer Weile kehrte Mama aus dem Bad zurück, doch dieses Mal schloss sie sorgfältig die Tür. Ich wollte gerade aufstehen und mich auf Zehenspitzen in Richtung Wohnzimmer bewegen, als sie zu mir in die Küche kam. Ich tat so, als würde ich eifrig Hausaufgaben machen.

«Wie kommst du voran, mein Sohn?»

Mamas Stimme war erstickt. Obwohl ich wusste, dass es falsch war zu lügen, antwortete ich, dass es gut laufe und ich nicht mehr lange brauche.

«Ich bereite dir Abendbrot vor, dann kannst du essen, wenn du alles erledigt hast. Pass bitte nur auf, dass du deine Hefte nicht bekleckerst. Wenn du mit dem Essen fertig bist, geh dich bitte waschen und leg dich ins Bett», trug sie mir auf.

Diese Anweisung verkomplizierte die Sache etwas, deshalb erklärte ich, dass ich noch ein bisschen lesen wolle.

Mama bereitete ein paar Scheiben Brot mit Käse vor. Zwei legte sie für mich auf einen Teller, die restlichen nahm sie mit ins Wohnzimmer. Sie hatte beide Hände voll, deshalb konnte sie die Tür nicht vollständig schließen.

Papa sprach ein leises Gebet vor dem Abendessen, dann sagte Mama: «Wir haben alle den Krieg überlebt und viel Leid erfahren …» Sie atmete so schwer, dass es bis in die Küche zu hören war. «Aber so etwas hätte ich in einem freien Land nicht für möglich gehalten! Deshalb nimmt mich das so mit.»

«Ich habe im Gefängnis oft darüber nachgedacht, wie viel Böses im Menschen steckt, wenn er nicht zulässt, dass Gott ihn verändert», fuhr Onkel Andrzej fort. «Ich musste viel an Maryla und die Jungs denken … Das hat mich am meisten gequält. Was hätte ich machen können? Es blieb einzig und allein, sie und mich der Fürsorge Gottes anzubefehlen. Das hat mir geholfen und meiner Seele Ruhe geschenkt.»

«Wie geht es Maryla denn?», fragte Mama.

«Inzwischen gut, aber ihr wisst selbst, was sie durchgemacht hat und was für eine Last sie getragen hat. Sonia, du verstehst sie sicher am besten. Ich habe gehört, wie gut du mit der Situation damals umgegangen bist! Maryla wusste neun Monate lang nicht einmal, dass sie mich in ein anderes Gefängnis verlegt hatten. Aber wie ist Janek damit umgegangen? Weiß er, wo du warst? Habt ihr mit ihm gesprochen?»

Onkel Andrzej sprach immer leiser, und ich konnte ihn nicht mehr verstehen. Mama und Papa antworteten ebenfalls im Flüsterton, aber nach einer Weile wurde Onkel Andrzejs Stimme wieder lauter.

«In diesen Jahren hatte ich unterschiedliche Leidensgenossen. Den Deutschen haben sie wahrscheinlich umgebracht, dann kam für ein halbes Jahr ein Pole mit französischer Staatsbürgerschaft, der seine Mutter in Polen besuchen wollte. Und danach haben sie einen jungen Fotografen in meine Zelle gesteckt. Sein Gesundheitszustand war bedenklich. Von den Verhören kam er fix und fertig zurück.

Er kannte das Morse-Alphabet und klopfte an die Rohre, in der Hoffnung, dass aus den Nachbarzellen jemand ‹zurückklopfen› würde. Das wurde unser ‹Ohr› in die Welt. Wir erfuhren, dass sie massenhaft Offiziere der Heimatarmee inhaftierten, aber vor allem viele Geistliche, auch aus unserer Gemeinde. Vielleicht war das unpassend, aber als ich das hörte, habe ich mich gefreut, weil es wie ein Trost für mich war. Ich wusste plötzlich, dass ich nicht allein war!

Wie sich herausstellte, saßen in der Zelle nebenan ein katholischer Bischof und ein Pfarrer. Sie durften ihr Gebetbuch behalten, was mich auf die Idee brachte, den diensthabenden Wärter um meine Bibel zu bitten. Leider wollte er sie mir nicht geben, deshalb habe ich einen Hungerstreik angefangen. Ich hätte nicht gedacht, dass sie so brutal sein würden. Sie haben mich in die Krankenhausabteilung verlegt und über eine Sonde durch die Nase zwangsernährt. Das waren grauenhafte Gummiröhrchen, die entsetzlich wehgetan haben und von denen ich mich übergeben musste. Nach einigen Tagen habe ich Fieber bekommen. Da hat der Kommandant versprochen, mir meine Bibel zu geben.

Ich habe ihm geglaubt und den Hungerstreik abgebrochen, aber meine Bibel haben sie mir trotzdem nicht zurückgegeben. Ihre Versprechen waren absolut bedeutungslos! Als ich wieder in meine Zelle kam, saß dort nicht mehr nur der Fotograf, sondern zusätzlich der Vorsitzende des Obersten Gerichtshofes.»

Der Vorsitzende des Obersten Gerichtshofes? Den konnte man auch gefangen nehmen?!, wunderte ich mich. Ich entfernte mich ein kleines Stück von der Tür, packte meine Schulsachen leise in den Ranzen und begann angespannt, die belegten Brote zu essen. Jeden Bissen kaute ich langsam, um noch so lange wie möglich in der Küche bleiben zu können.

«Er wollte über die Ostsee fliehen, aber die Schmuggler haben ihn verraten. Es war so paradox, denn er sollte jetzt von seinen vorherigen Untergebenen verurteilt werden! Sie haben ihn furchtbar geschlagen und misshandelt. Eines Tages haben sie ihn entweder verlegt oder ...»

Im Wohnzimmer wurde es still. Ich wagte kaum zu atmen.

«Später brachten sie einen Oberleutnant der Heimatarmee[2] zu uns», erzählte Onkel Andrzej weiter. «Er konnte nicht verstehen, warum sie ihn inhaftiert hatten und jetzt so bestialisch behandelten, wo er doch gegen den Besatzer und für die Befreiung des geliebten Vaterlandes gekämpft hatte.

‹Den Knast für Patriotismus in einem freien Land?!›, wiederholte er mehrmals verzweifelt. ‹Was werden sie bloß mit uns anstellen?› Das wusste keiner von uns. Jeder konnte der nächste sein, der ...»

Onkel Andrzej brach den Satz ab.

«Der Leutnant wurde dann auch irgendwohin verlegt, und neue Leute kamen in die Zelle. Viele sind psychisch an den Qualen kaputtgegangen. Einer hat in seiner Verzweiflung sogar versucht, sich selbst anzuzünden.»

Ich schüttelte mich vor Entsetzen. Wie konnte man sich nur selbst anzünden?! Ich hatte mir einmal den Fuß verbrannt und konnte es vor Schmerzen kaum aushalten. So etwas musste fürchterlich wehtun!

«Um das alles irgendwie zu ertragen, habe ich Lieder gesummt», fuhr Onkel Andrzej fort, jetzt mit ruhigerer Stimme. «Ich habe an Christus gedacht, wie er am Kreuz gelitten hat.

---

[2] Die polnische Heimatarmee war eine Militärorganisation im von Deutschland besetzten Polen und die größte militärische Widerstandsorganisation zur Zeit des Zweiten Weltkrieges in Europa. Sie war eine Armee aus Freiwilligen, die sich die Befreiung Polens von den deutschen Besatzungstruppen zum Ziel gesetzt hatten. 1944 besaß sie über 350.000 Soldaten. Nach dem Einmarsch der Roten Armee setzte sie inoffiziell ihren Widerstand, nun gegen die kommunistische Besatzung, fort. Über 20.000 Soldaten der Heimatarmee wurden von den kommunistischen Machthabern ermordet. (Quelle: Wikipedia)

Er hat durchgehalten und den Tod besiegt, deshalb würde er auch in meinem Leben den Sieg davontragen! Wenn ich mir das bewusst machte, wurde mein Herz wieder mit Frieden erfüllt, und ich vergaß für einen Moment, dass ich in diesem dunklen Keller saß, fern von meinen Lieben.

Nach zehn Monaten wurden der Fotograf und ich in die Rakowiecka-Straße verlegt. Ich freute mich darüber, denn es war zumindest eine Abwechslung. Als ich nach draußen ging, bekam ich jedoch einen Schock. Die Welt kam mir unbeschreiblich schön und bunt vor! Das war ein herrliches Gefühl, aber gleichzeitig empfand ich einen fast körperlichen Schmerz.»

In diesem Moment stellte Papa ihm eine Frage, die ich jedoch nicht verstand.

«Wir wurden in einen Gefangenentransporter gesetzt, der uns an unseren neuen Aufenthaltsort brachte. Dort haben sie uns durch ein Labyrinth von Gängen in das Gebäude für die politischen Häftlinge geführt», hörte ich Onkel Andrzej antworten. «Wisst ihr, mit wem wir dort gesessen haben? Mit dem Prälaten, der vor dem Krieg stellvertretender Bildungsminister gewesen war, und mit noch zwei anderen katholischen Priestern. Einer war durch die Nominierung des Vatikans nach Polen gekommen. Eine vornehme Gesellschaft! Uns wurde allen dasselbe vorgeworfen: Spionage.»

Ich wusste nicht, was ein Prälat war, aber ich vermutete, dass es jemand Bedeutendes war.

«Jeder von uns dachte, dass nur er selbst inhaftiert worden war. Erst nach einer Weile erfuhren wir, dass zweihundert Geistliche aus unterschiedlichen Kirchen ins Gefängnis gesteckt worden waren», fügte Papa hinzu.

«Sie hatten keinerlei Beweise, aber sie haben alles getan, um uns zu brechen. Gott sei Dank, dass es ihnen nicht gelungen ist. Zwischen den kräftezehrenden Verhören unterhielten wir uns und beteten miteinander. Im Laufe der Zeit kam unser Freund Bronek dazu, und ab da gab es heiße Diskussionen. Ihr wisst ja, wie prinzipientreu er ist.»

Onkel Andrzej lachte.

«Manchmal musste einer den anderen um Vergebung bitten, wenn die Auseinandersetzung zu scharf geworden war. Ganz ökumenisch, darauf hat der Prälat geachtet.»

Wieder lachte er und meine Eltern pflichteten ihm bei.

«Der Prälat teilte seine Lebensmittelpakete mit uns, und in Momenten der größten Traurigkeit war er unser Tröster. Gott hat uns wahrlich Demut und Liebe gelehrt.»

«Oh, das müssen wir unser Leben lang lernen», bestätigte Mama.

«Sie wollten mir die ganze Zeit einreden, so wie dir, Piotr, dass ich ein amerikanischer Spion sei, der von Militäreinheit zu Militäreinheit fährt und Informationen sammelt.»

«Wie konnten sie nur so einen Unsinn erfinden?!», empörte sich Mama.

«Natürlich war das absoluter Blödsinn ...» Onkel Andrzej machte eine lange Pause. «Allerdings gab es Augenblicke, in denen sie mich so gequält haben, dass ich beinahe bereit gewesen wäre, jedes Verbrechen zuzugeben, nur damit diese schrecklichen Verhöre aufhörten. Aber Gott hat mir Kraft gegeben, um ihren Lügen zu widersprechen.

Es war zudem auch schon meine dritte Inhaftierung. Nur Bronek und Olek waren zum ersten Mal im Gefängnis, und ich hatte Angst, dass sie sich schuldig bekennen würden. Leider wurden sie so sehr geschlagen und gefoltert, dass sie etwas unterschrieben und ihnen dann ein Jahr lang die Todesstrafe drohte.

Weil ihnen bezüglich des Spionagevorwurfs nichts nachgewiesen werden konnte, wurde die Anklage so verändert, dass man behauptete, sie hätten mit den Deutschen zusammengearbeitet. Daraufhin wurden sie zu einer dreijährigen Haftstrafe verurteilt. Eine typische Stasi-Taktik.

Und dabei verdanken ihnen so viele Menschen ihr Leben! Den ganzen Krieg hindurch wurden sie von den Nazis bedroht, und jetzt erklärte man sie plötzlich zu politischen Feinden Polens! Gott sei es gedankt, dass sie und ich nach drei Jahren endlich freigelassen wurden! Auch dank deiner Bemühungen und Stalins Tod.»

Erst jetzt verstand ich, von wessen Tod Papa am Anfang gesprochen hatte. In der Schule hatten wir immer von «Onkel Stalin», dem großen Führer, Befreier und Vater der Nationen gehört. Sein Porträt hing auf dem Flur, und als er vor über einem Jahr starb, herrschte im ganzen Land Trauer. Die Sirenen heulten, in der Schule wurde eine Trauerfeier veranstaltet, einige unserer Lehrer wurden von Weinkrämpfen um «Onkel Stalin» geschüttelt.

Diese ganze Traurigkeit ging auf uns über. Doch als ich an jenem Tag vollkommen verheult nach Hause kam, erklärten meine Eltern mir, dass ich nicht zu weinen bräuchte, weil Stalin kein «guter Onkel» gewesen sei, sondern ein sehr böser Mensch, ein Tyrann.

Im gleichen Atemzug baten sie mich eindringlich, das niemandem gegenüber zu erwähnen, weil sie sonst Probleme bekommen könnten. Stalin sei schuld daran, dass Oma, meine Tante und andere Familienmitglieder nach Sibirien deportiert worden waren. Viele Menschen hätten wegen ihm Furchtbares erlitten. Insbesondere habe er die verfolgt, die an Gott glaubten.

«Aber wisst ihr, was das Absurdeste ist?», fragte Onkel Andrzej. «Dass es niemals eine formale Anklage gegen mich gegeben hat. Drei Jahre Gefängnis ohne Anklage!»

«Bei mir war es genau dasselbe», pflichtete Papa ihm bei.

«Tja, meine Lieben, ich werde mich jetzt wieder auf den Weg machen müssen, um meinen Zug noch zu schaffen.»

Ich hörte, wie Onkel Andrzej aufstand.

In Windeseile verschwand ich ins Bad. Ich ließ die Tür jedoch angelehnt und hörte, wie er beim Abschied sagte: «Stellt euch vor, der Prälat hat mich nach drei Monaten besucht. Wir haben zusammen für alle gebetet, die immer noch im Gefängnis sind, für unsere Gemeinde und die Arbeit. Das, was uns zerbrechen sollte, hat uns in Wirklichkeit gestärkt und miteinander verbunden.»

An diesem Abend konnte ich lange nicht einschlafen. Unablässig kreisten meine Gedanken um das, was ich gehört hatte. Ich konnte mich mit all dem nicht abfinden. Das Gefängnis war doch schließlich ein Ort für Verbrecher! Waren Papa und Onkel Andrzej etwa böse Menschen? Mit Sicherheit nicht! Sie taten so viel Gutes für andere.

Papa war der freundlichste Mensch, den ich kannte, und von Tante Olga wusste ich, dass Onkel Andrzej für Kinder, deren Eltern im Krieg gestorben waren, ein Waisenhaus gegründet hatte. Sie betonten immer wieder, dass Jesus alle Menschen liebte und dass wir deshalb auch einander lieben sollten. Wie sollten sie irgendjemandem Leid zugefügt haben? Nein, das konnte einfach nicht sein.

Aber warum hatte man sie ins Gefängnis gesteckt? Ich war verwirrt und konnte nicht verstehen, was in der Welt los war.

Fünf Jahre
später

Teil 2:
Jugend

Basias Geschichte, Teil 1

«Mama, Mama, ich muss dir etwas erzählen!», rief ich, als ich wie ein Blitz durch die Tür geschossen kam. Gerade war ich von einer Jugendkonferenz in Kattowitz zurückgekommen.

«Brennt es irgendwo?»

«Nein, aber ich habe Basia Bukowska getroffen!»

«Oh, das ist aber schön. Ich habe ihre Eltern schon lange nicht mehr gesehen. Wie geht es ihnen denn?»

«Mmmm ... das weiß ich ehrlich gesagt gar nicht.»

«Wie? Hast du sie denn nicht danach gefragt?» Mama war sichtlich erstaunt.

«Eigentlich nicht, denn ... mit Basia selbst habe ich mich kaum unterhalten.»

«Hast du nicht?!», wunderte sie sich. Sie wusste, wie sehr wir uns mochten, und ihre Eltern hatten uns schon einige Male besucht.

«Nein, das ist es ja gerade!» Ich wollte am liebsten sofort alles erzählen. «Ich habe von Anfang an gesehen, dass Basia traurig war, vollkommen anders als sonst. Zuerst dachte ich, dass sie krank sei, doch als ich sie fragte, ob es ihr nicht gut gehe, schüttelte sie nur den Kopf. Dann erkundigte ich mich nach ihren Eltern, doch in dem Moment fing sie an zu weinen und ging weg. Ich war erschrocken und befürchtete, dass ihnen etwas zugestoßen war.

Erst Marianna, das Mädchen, das ein Jahr bei ihnen gewohnt hatte, hat mich in die ganze Geschichte eingeweiht.»

Ich machte eine Pause und überlegte, wie ich es am besten sagen sollte.

Mama schaute mich abwartend an.

«Basia hat vor einigen Wochen erfahren, dass sie ... adoptiert wurde!»

In Mamas Augen sah ich einen gewaltigen Schreck. Sie atmete tief durch und ließ sich auf den Stuhl fallen. Auch mich hatte diese Nachricht vor ein paar Tagen vollkommen überrascht.

«Mama, ist alles in Ordnung?»

Es beunruhigte mich, dass sie plötzlich so blass wurde. Ich holte ihre Tasse, goss Wasser hinein und reichte sie ihr.

Sie nahm einen großen Schluck.

«Ist schon gut, danke», sagte sie leise.

«Hast du das auch nicht gewusst?»

«Ich habe irgendwann einmal Gerüchte darüber gehört, doch ... es gibt Dinge, nach denen man nicht einmal seine Freunde fragt.»

«Aber warum denn nicht? Eine Adoption ist doch nichts Schlimmes.»

«Natürlich nicht, nur ...»

Ich schaute Mama fragend an, während sie mit Mühe nach Worten suchte.

«... es kann wehtun, darüber zu sprechen. Von wem hat Basia es denn erfahren?»

«Marianna erzählte, dass Basias Mutter es ihr vor kurzem gesagt hat. Sie habe auf den richtigen Moment gewartet und gedacht, dass er gekommen sei. Basia sei inzwischen vierzehn Jahre alt und sollte es jetzt wissen.»

«Und ... wie hat Basia darauf reagiert?», fragte Mama vorsichtig.

«Angeblich war es für sie ein absoluter Schock. Sie konnte sich nicht damit abfinden und hat wochenlang nur geweint. Auch die Schule hat sie seitdem vernachlässigt.»

«So sehr hat es sie mitgenommen?»

«Sie nimmt es ihren Eltern übel, dass sie es ihr nicht früher gesagt haben. Das kann ich vollkommen verstehen! Sie hätten es machen sollen, als Basia noch klein war.»

«Denkst du ...?»

«Sie haben wahrscheinlich den ungünstigsten Moment dafür gewählt, denn ... du weißt ja noch gar nicht das Schlimmste.»

Die folgenden Worte kamen mir kaum über die Lippen. «Was denn?»

«Marianna sagte, dass Basia befürchtet, ein ‹deutscher Bastard› zu sein!» Bei den letzten Worten wurde meine Stimme fast zu einem Flüstern.

«Janek, so redet man nicht! Das klingt schrecklich!»

«Ich weiß, es tut mir leid. Aber ich habe nur wiederholt, was Marianna gesagt hat», rechtfertigte ich mich.

«Selbst wenn ihre Mutter Deutsche ist, verdient sie Achtung. Soweit ich mich erinnern kann, ist Basia kurz vor oder nach Kriegsende zur Welt gekommen. Wenn sie also zur Adoption freigegeben wurde und ihre Mutter tatsächlich Deutsche war, dann musste diese Frau möglicherweise fliehen oder ist sogar gestorben. Vielleicht wurde sie aber auch gleich nach dem Krieg zwangsumgesiedelt. Das sind eben alles nur Vermutungen.»

«Marianna meinte, dass eine Bekannte aus der Gemeinde ihre Adoptiveltern auf Basia aufmerksam gemacht hätte, weil sie der deutschen Mutter versprochen hatte, ihr zu helfen. Von ihrem Vater wusste sie allerdings nichts, deshalb ist sie wahrscheinlich wirklich ein deutscher B..., entschuldige, ein uneheliches Kind ...»

«Ich hoffe, dass Basia es akzeptiert und dass mit Gottes Hilfe alles wieder in Ordnung kommt. Ihre Eltern lieben sie so sehr! Ich bin mir sicher, dass Basia das eines Tages zu schätzen wissen wird ...»

Mama stand auf und stellte ihre Tasse zum Spülen an die Seite.

«Das glaube ich auch. Es sind wirklich gute Menschen, auch wenn ich denke, dass sie einen Fehler begangen haben. Basia hat zu Marianna gesagt, dass sie niemals mehr irgendjemandem vertrauen könne, wenn die eine Mutter sie weggegeben und die andere sie jahrelang belogen habe! Deshalb bin ich der Meinung, dass sie ihr das eher hätten sagen müssen.»

«Das ist nicht so einfach ...», seufzte Mama. «Wasch dir bitte die Hände, dann können wir Mittag essen», bat sie mich.

Ich merkte, dass sie das Gespräch beenden wollte, dennoch fuhr ich fort.

«Ich würde es wissen wollen, wenn ich adoptiert worden wäre.»

«Manchmal ist es besser, ein Geheimnis zu bewahren ...», antwortete Mama leise, ohne mich anzusehen.

«Warum?» Ich ließ nicht locker.

«Vielleicht ... hatten Basias Eltern Angst, dass sie von anderen Kindern ausgelacht werden würde, dass sie mit dem Finger auf sie zeigen, sie ein ‹deutsches Findelkind› oder eben sogar ‹Bastard› nennen würden, wie du es selbst gesagt hast. Die Leute können zum Teil sehr grausam sein. Gleich nach dem Krieg wurden solche Kinder als ‹Feindeskinder› gedemütigt und schikaniert. Ganz sicher wollten Basias Eltern ihr das ersparen», erklärte Mama so leise und von mir abgewandt, dass ich sie kaum hören konnte.

«Nehmen wir an, dass das stimmt, aber trotzdem ...»

«Möglicherweise haben sie auch befürchtet, dass ihre Mutter sie ihnen eines Tages wieder wegnehmen würde ...? Das hätten sie bestimmt nicht ertragen ...»

Mama holte zwei Teller aus dem Schrank.

«Wasch dir jetzt bitte die Hände, denn das Essen wird kalt», drängte sie.

Ihre Stimme war eigenartig verändert, und ich fragte mich, warum sie sich das Ganze so zu Herzen nahm.

Als ich aus dem Bad zurückkam, ging ich zu ihr, umarmte sie und gab ihr einen Kuss auf die Wange. Ich war bereits um einiges größer als sie. Meine zierliche Mutter strich mir über den Kopf und versuchte meinen Pony zu richten, der wie immer widerspenstig abstand. Diese Geste war mir von frühester Kindheit an bekannt. Soweit ich zurückdenken konnte, war Mama damit beschäftigt, meinen Pony in Form zu bringen.

«Was für ein Glück, dass mich das nicht betrifft», sagte ich erleichtert und setzte mich an den Tisch.

Mama begann, meinen Teller mit Suppe zu füllen.

«Weißt du … die Dinge sind nicht immer so, wie sie uns erscheinen», sagte sie leise.

Drei Jahre
später

Der graue Brief

Unser Klassenlehrer musste alle Daten überprüfen, bevor er unsere Abiturzeugnisse ausstellen konnte. Er bat uns darum, dass jeder seine Geburtsurkunde bis Ende der Woche mitbrachte.

Meine Eltern waren gerade für einige Tage weggefahren, aber der Lehrer brauchte die Unterlagen dringend. Deshalb musste ich mich selbst auf die Suche nach der Urkunde machen. Bis dahin hatte ich noch nie in den Dokumenten meiner Eltern gewühlt. Es war mir auch gar nicht in den Sinn gekommen, in ihren Papieren herumzuschnüffeln. Jetzt hatte ich allerdings keine Gelegenheit, sie um Erlaubnis zu bitten beziehungsweise zu fragen, wo sie meine Geburtsurkunde aufbewahrten.

Es war ein unangenehmes Gefühl, die Schubladen im Schreibtisch meines Vaters nacheinander aufzuziehen und die darin liegenden Unterlagen durchzusehen. Alle waren ordentlich in Papphefter einsortiert, und die meisten von ihnen hatte ich noch nie zuvor zu Gesicht bekommen. Es waren hauptsächlich Dokumente meines Vaters.

Unter den verschiedenen Heftern, die einander alle ähnlich waren, fiel mir eine Mappe auf, die ganz unten lag und sehr viel dicker war als die anderen. Ich warf einen Blick hinein und fand Zeichnungen, die aus der Zeit stammten, als Papa noch zur Technischen Oberschule ging. Interessiert schaute ich sie mir an. Man sah, dass er große handwerkliche Fähigkeiten hatte, die er zudem an mich vererbt hatte.

Vorsichtig blätterte ich weiter, als plötzlich ein grauer Umschlag aus dem Hefter herausrutschte.

Was ist das denn?, wunderte ich mich. *Ein Zeugnis von Papa aus der Schule?*

Ich schaute hinein und sah einige zusammengeheftete Papiere. Da ich nicht damit rechnete, darin meine Geburtsurkunde zu finden, hätte ich den Umschlag eigentlich zur Seite legen sollen, aber meine Neugier war größer. So zog ich die Blätter heraus und las laut:

«Bescheinigung von der Arbeitsstätte», ausgestellt auf Papas Namen, «Sittlichkeitszeugnis», ebenfalls für Papa und unterzeichnet von der Gemeinde.

Ich nahm an, dass es sich um Dokumente handelte, die er für seine Anstellung in der Gemeinde benötigt hatte, bis ich zum nächsten kam:

«Bescheinigung der Mutter-Eva-Fürsorge- und Erziehungsanstalt in Miechowitz über die Übergabe eines Kindes», und zuletzt: «Antrag an das Schulaufsichtsamt auf Genehmigung einer Adoption» sowie gerichtliche Unterlagen zur Änderung von Vor- und Zunamen.

Was ist denn das?!

Ich konnte nicht glauben, was ich da sah. In diesen Papieren tauchten nicht nur die Daten meines Vaters auf, sondern auch ... mein eigener Name! Mit großen Augen schaute ich auf die Unterlagen. Ich verstand überhaupt nichts.

Sollten diese Dokumente ..., könnten sie ... mich betreffen?! Wurde ich ... adoptiert?! Lange starrte ich die auf dem Schreibtisch ausgebreiteten Blätter an, bis ich sie zurück in den Umschlag steckte, nur um sie kurz darauf doch noch einmal herauszunehmen.

Worum geht es hier?!

Ich war vollkommen verwirrt. Schließlich schob ich sie wieder in den Umschlag und legte ihn zwischen die Zeichnungen zurück. Ich konnte jedoch nicht aufhören, daran zu denken.

Ist das denn möglich? Wenn Papa und Mama wiederkommen, muss ich sie fragen, beschloss ich, während ich gleichzeitig gewaltige Bedenken hatte, ob das wirklich eine gute Idee war. Denn wenn sich herausstellen sollte, dass ich tatsächlich ...

Nein, was für ein Unsinn!

Aber was, wenn es doch wahr wäre?

Manchmal hörte ich einige meiner Klassenkameraden klagen: «Ich verstehe meine Eltern absolut nicht! Ich passe überhaupt nicht zu ihnen! Wahrscheinlich haben sie mich aus dem Kinderheim geholt oder nach der Geburt vertauscht.»

Aber solchen Aussagen waren in der Regel irgendwelche familiären Konflikte vorausgegangen, und dieses Gerede hatte keinerlei tiefere Bedeutung. Unter meinen Altersgenossen waren zwar einige tatsächlich adoptiert worden, weil sie ihre Eltern während des Krieges verloren hatten, aber in meinem Fall gab es nicht den geringsten Anlass, überhaupt nur etwas in dieser Richtung zu vermuten. Ich war meinem Vater viel zu ähnlich und verstand mich ausgezeichnet mit ihm.

Das waren sicher Dokumente, die irgendjemandem aus unserer Gemeinde gehörten, versuchte ich mir das Ganze rational zu erklären. Vielleicht wollte jemand eine Adoption verbergen und hat die Unterlagen deshalb meinem Vater zur Aufbewahrung gegeben. Oder Papa hatte jemandem bei einer Adoption geholfen, indem er seine Daten zur Verfügung stellte. Die Leute hatten Vertrauen zu ihm, und nach dem Krieg sind die eigenartigsten Dinge passiert ...

Ich erinnerte mich an das Gespräch mit Tante Olga. Obwohl seitdem viele Jahre vergangen waren, klang mir noch in den Ohren, was sie über die Auflösung des Waisenhauses gesagt hatte.

In meinem Herzen war dennoch ein kleines Körnchen Unsicherheit gesät worden. Lange schlug ich mich mit dem Gedanken herum, ob ich meine Eltern darauf ansprechen sollte. Ich war mir bewusst, dass ich ihnen mit der Frage, ob sie mich adoptiert hätten, wehtun würde. Wahrscheinlich würden sich alle Eltern gekränkt fühlen, wenn ihr Kind irgendwelche Zweifel bezüglich seiner Herkunft äußerte.

Zugleich wusste ich, dass wenn ich diese eine, einzige Frage nicht stellen würde, sie mich Tag und Nacht verfolgen würde.

Seitdem ich diesen grauen Umschlag gefunden hatte, konnte ich abends nicht mehr einschlafen, sondern drehte mich von einer Seite auf die andere und wog alle Für und Wider ab.

Die äußerliche Ähnlichkeit (unzählige Male hatte ich gehört: «Wie ähnlich du doch deinem Vater bist!», «Ihr habt dieselben Augenbrauen», «Ganz der Vater»), unsere Charaktereigenschaften, Interessen, Fähigkeiten, Vorlieben, Prioritäten im Leben – mich verband so viel mit Papa, dass es mir schwerfiel zu glauben, dass ich nicht sein leiblicher Sohn sein sollte. Aber vielleicht ... Mama? Wie betroffen war sie doch gewesen, als ich ihr erzählt hatte, dass Basia von ihrer Adoption erfahren hatte!

«Die Dinge sind nicht immer so, wie sie uns erscheinen ...», hatte sie gesagt.

Vielleicht bin ich nur das leibliche Kind von einem von beiden? Nein, das wäre absurd! Andererseits hat der Krieg die Menschen dazu gebracht, die unterschiedlichsten Sachen zu tun, also ...

War es vielleicht doch möglich?! Ich war mir sicher, dass ich Mama mit einer diesbezüglichen Frage unwahrscheinlich verletzen würde, doch wenn ich die Wahrheit nicht in Erfahrung bringen könnte, würde ich mit der Zeit noch die unmöglichsten Schlüsse ziehen ...

Letztendlich, nach einigen Wochen des inneren Kampfes, wagte ich ein Gespräch mit Papa über dieses Thema. Ich klopfte an die Tür seines Arbeitszimmers. Als ich «Herein» hörte, fing mein Herz so heftig an zu schlagen, dass ich das Pulsieren in meinen Schläfen spürte. Ich öffnete die Tür und trat ein.

«Entschuldige, störe ich dich? Ich wollte dich etwas fragen ...»

«Selbstverständlich, setz dich.»

Papa unterbrach seine Lektüre. Auf dem Schreibtisch lagen die geöffnete Bibel und einige Kommentare, was mich darauf schließen ließ, dass er gerade seine nächste Predigt vorbereitete.

Ich setzte mich auf den abgenutzten Sessel in der Ecke.

«Vor einigen Wochen», begann ich stockend, «brauchte ich für die Schule meine Geburtsurkunde.»

Ich spürte, wie mir die Zunge am Gaumen klebte.

«Ihr wart damals in Warschau, und ich konnte euch nicht danach fragen, deshalb habe ich in deinen Unterlagen nachgeschaut.»

«Aha, und hast du sie gefunden?»

«Ja ... aber ich bin auch noch auf etwas anderes gestoßen ...»

Papa schaute mich abwartend an.

«Ich weiß nicht, wie ich es sagen soll ... Ich habe so einen grauen Umschlag gefunden.»

«Einen grauen Umschlag?» Er machte eine lange Pause. «Wo?»

«Er war zwischen deinen Zeichnungen von der Schule. Ich wusste nicht, was darin ist, deshalb habe ich hineingeschaut.»

Mein Vater stützte seinen Kopf auf die Hand und schaute mich ernst an.

«Was waren das für Dokumente?», fragte er.

«Ich bin mir nicht sicher ... Sie betrafen die Adoption eines Kindes ...»

Papas Gesicht wurde kreidebleich.

«Entschuldige, wenn das geheim bleiben sollte. Waren das Unterlagen von jemandem aus der Gemeinde?»

«Weißt du, die Leute vertrauen mir zum Teil Dinge an ... über die ich nicht sprechen darf ...», antwortete er leise und senkte den Blick.

«Ja, ich weiß, entschuldige bitte. Ich werde niemandem davon erzählen.»

«Hast du gedacht, dass diese Dokumente dich betreffen?»

«Für einen Moment ... ja, weil ich meinen Namen darauf gesehen habe. Doch ich konnte nicht glauben, dass es darin wirklich um mich gehen sollte.»

«Janek, du bist schließlich unser Kind!», versicherte mir Papa, wenn ich auch bemerkte, dass sein Gesichtsausdruck verändert blieb. «Aber selbst wenn es nicht so wäre, was denkst du, welche Eltern sind wichtiger: die, die ein Kind zur Welt gebracht haben, oder die, die es großgezogen haben?», fragte er und schaute mir direkt in die Augen.

«Die, die ein Kind zur Welt gebracht haben, oder die, die es großgezogen haben?», hallte es in meinen Ohren nach. Ich hatte keinen Zweifel, wie ich auf diese Frage antworten sollte.

«Ja, ich weiß, Papa ...», erwiderte ich bewegt. «Ich bitte dich noch einmal um Entschuldigung.»

*Zwei Jahre
später*

«Wir sind stolz auf dich!»

«Janek, Gratulation! Das war eine tolle Ansprache», oder: «Wie der Vater, wie der Vater!», hörte ich immer öfter nach Treffen in der Gemeinde.

Solche Worte freuten mich, doch ich war gerade einmal einundzwanzig Jahre alt, und mir war bewusst, dass ich noch viel zu lernen hatte. Ich war stolz darauf, solch einen wunderbaren Vater zu haben, und so wie er wollte ich Gott dienen, deshalb hatte ich die Leitung der Jugendgruppe übernommen. Dennoch war es nicht meine Absicht, mein Leben der Arbeit in der Gemeinde zu verschreiben.

Auch Papa erwartete das nicht von mir, allerdings wollte er, dass ich studierte. Ich begann ein Studium im Fachbereich Metallurgie in Tschenstochau. Das erste Jahr war ein Albtraum, ich machte eine tiefe geistliche Krise durch und hätte am liebsten schon nach dem zweiten Semester alles hingeworfen.

In dieser Zeit, es begannen gerade die Sommerferien, wollte ein befreundeter Pastor aus dem Nachbarort in den Urlaub fahren. Er fragte mich, ob ich ihn in seiner Gemeinde vertreten würde. Ich zögerte nicht lange, ohne die geringste Ahnung zu haben, wie sehr das mein Leben verändern würde.

Als ich mich nach einem der Treffen in der Gemeinde von den Teilnehmern verabschiedete, fragte mich eine Frau: «Junger Mann, vergeudest du vielleicht deine Zeit an der Hochschule?»

Ich schaffte es nicht einmal, sie nach ihrem Namen zu fragen, so schnell war sie verschwunden. Ihre Worte ließen mir jedoch keine Ruhe mehr. Es war, als würde sich in mir eine Blockade lösen. In diesem Moment fing ich an, ernsthaft über meine Zukunft nachzudenken.

Am nächsten Morgen war ich mir bereits sicher. Ich hatte keinen Zweifel daran, dass Papa sich über das freuen würde, was ich ihm beim Mittagessen mitteilen wollte.

Bis heute erinnere ich mich an das Kristallglas, eines der wenigen Familienerbstücke, aus dem meine Mutter gerade trank und sich dabei beinahe verschluckte, als ich feierlich erklärte:

«Ich habe beschlossen, Theologie zu studieren.»

An diesem Tag hatten wir Gäste zum Mittagessen eingeladen. Alle fingen an, mir zu gratulieren, und Mamas Freundin wiederholte mehrmals: «Ganz der Vater, ganz der Vater! Ich habe mir immer gedacht, dass du in seine Fußstapfen treten wirst. Das vererbt sich wahrscheinlich, oder? Einfach wunderbar! Du wirst Magister der Theologie!»

«Ja, das ist mein Ziel», bestätigte ich, «aber mit Onkel Andrzej werde ich sicher nicht mithalten können. Ihm wurde die Ehrendoktorwürde in Theologie verliehen, und er war sogar schon einmal zu einer Privataudienz bei Präsident Truman.»

«Gott möchte nicht, dass du mit irgendjemandem um Verdienste wetteiferst», kommentierte mein Vater. «Jedem gibt er andere Talente, und es geht einzig und allein darum, dass wir sie nutzen. In Gottes Augen sind wir alle wichtig, unabhängig davon, welche Arbeit wir ausführen. Mein Sohn, ich freue mich außerordentlich über deine Entscheidung. Ich bin stolz auf dich und denke, Mama ganz sicher auch», sagte er und nahm die Hand meiner zu Tränen gerührten Mutter. «Wir haben für dich gebetet ...», fügte er mit zitternder Stimme hinzu.

*Ein Jahr
später*

Ich finde die Liebe

Ich stellte mich hinter den anderen an und winkte Małgosia zu, einer Freundin, die für die Anmeldung zuständig war. Vor mir stand ein zierliches Mädchen, das wie eine Schülerin aussah. Sie gab Małgosia ihren Lehrerausweis.

Wie alt wird sie wohl sein?, überlegte ich interessiert. *Sie sieht wie ein kleines Mädchen aus.*

Małgosia begrüßte sie herzlich und schrieb sie auf die Liste der Konferenzteilnehmer. Daraufhin gab sie ihr den Ausweis zurück und wandte sich an uns beide:

«Ihr kennt euch wahrscheinlich noch nicht. Ania, das ist Jan. Jan, das ist Ania.»

Das Mädchen drehte sich zu mir um, reichte mir zur Begrüßung die Hand, und ich ... spürte, wie mir die Zunge am Gaumen festklebte und ich kein Wort über die Lippen brachte.

«Janek», murmelte ich und ergriff ihre ausgestreckte schlanke Hand.

«Ania», stellte sie sich lächelnd vor und machte sich auf den Weg zum Konferenzgebäude.

Ich schaute ihr nach. Schnell erledigte ich alle Formalitäten und lief hinter ihr her. Sie sah sich gerade in der Eingangshalle um, als ich sie einholte.

«Bist du zum ersten Mal hier?», fragte ich sie und versuchte dabei, meiner Stimme einen lockeren Klang zu geben.

«Ja. Ich wollte zusammen mit einer Freundin an dieser Konferenz teilnehmen, aber sie ist leider krank geworden. Bis jetzt habe ich noch keine Bekannten gesehen und ...»

«Wenn du erlaubst, zeige ich dir gern das Gebäude», bot ich an, während ich innerlich dafür dankte, dass ihre Freundin nicht hatte mitfahren können.

«Das ist nett von dir.»

«Es kommen eigentlich nur sympathische Leute hierher», versicherte ich ihr lächelnd und führte sie in den kleinen Konferenzsaal, wo gerade der erste Vortrag begann.

Die drei Tage vergingen viel zu schnell, dabei wünschte ich, sie würden ewig dauern.

«Schade, dass es schon vorbei ist. Ich würde am liebsten gar nicht von hier wegfahren ...», bekannte ich Ania, als wir am letzten Tag in der Mittagspause einen kleinen Spaziergang zusammen machten.

«Ja, die Vorträge waren toll», pflichtete sie mir bei. «Und überhaupt ist die ganze Umgebung hier sehr schön.»

«Es ist schwer, Masuren[3] nicht zu lieben, besonders wenn man aus Oberschlesien kommt. Aber noch mehr hat mir hier ein bestimmtes Mädchen gefallen», sagte ich und schaute sie an.

«Ja? Und welches?», fragte sie leise, während sie nach unten blickte und mit ihrem Schuh ein Steinchen hin- und herschob.

«Kannst du es dir nicht denken?», neckte ich sie.

«Nein ...»

Ania wurde rot.

«Nein ...? Ich glaube, du weißt, dass es um dich geht, Ania!»

«Wirklich? Du kennst mich doch fast gar nicht.»

Sie hob den Blick und schaute mich ernst an.

«Ich weiß genug von dir. Du bist wunderbar, liebst die Menschen und noch mehr Gott. Auch von deinen Eltern habe ich viel Gutes gehört.»

«Eben ... das ist nicht so ... nicht alles ist die Wahrheit ... ich weiß nicht, wie ich dir das sagen soll ...»

Ania suchte nach Worten.

---

[3]Einwohner Masurens, einer Region des ehemaligen Ostpreußens in der heutigen im Norden Polens gelegenen Woiwodschaft (Verwaltungsbezirk) Ermland-Masuren.

«Was denn?»

«Ich bin nicht …»

«Du bist nicht … mehr zu haben?»

Ich erschrak. Vielleicht hatte sie einen Freund und plante zu heiraten? Oh nein! Ich war bereit, um sie zu kämpfen!

«Hast du jemanden?»

«Nein, darum geht es nicht!», erwiderte sie überrascht.

Ich atmete erleichtert auf. Andere Dinge hatten für mich keine Bedeutung.

«Worum geht es also tatsächlich?»

«Ich bin eigentlich gar nicht … die Tochter meiner Eltern.»

«Und wessen Tochter bist du dann?», fragte ich in meiner Neugier etwas taktlos.

«Das ist eine komplizierte Geschichte.»

Mir kam das Gespräch mit Marianna in den Sinn, als sie mir davon erzählt hatte, wie schlimm es für Basia gewesen war, von ihrer Adoption zu erfahren.

«Entschuldige! Mir ist es egal, wessen Tochter du bist», versicherte ich. «Wir haben noch», ich schaute auf die Uhr, «eine knappe halbe Stunde Pause. Vielleicht erzählst du mir davon?»

«Das ist nicht so leicht. Eine halbe Stunde reicht dafür nicht.»

«Dann erzählst du es mir, wenn du nach Warschau kommst.»

«Nach Warschau?»

«Ja. Warst du schon einmal in der Hauptstadt?»

«Ehrlich gesagt nur einmal, und das auch nur sehr kurz.»

«Dann lade ich dich ein. Es geht doch nicht, dass eine junge Lehrerin sich nicht selbst von dem überzeugt hat, wovon sie ihren Schülern erzählt. – Wie groß ist Warschau! Wie viele Häuser, wie viele Menschen! Wie viel Stolz und Freude weckt die Hauptstadt doch in unseren Herzen!», erinnerte ich mich an den Text, den ich vor langer Zeit in der Schule auswendig gelernt hatte. «Dieses Gedicht bringst du den Kindern bestimmt bei, oder?»

«Selbstverständlich», bestätigte sie lachend. «Das gehört zur klassischen Literatur: Julian Tuwim.»

«Das heißt, du musst dir Warschau unbedingt mit eigenen Augen ansehen! Und bei dieser Gelegenheit kannst du mir von allem erzählen. Natürlich nur, wenn du möchtest. Lässt du dich einladen?»

Ania nickte. Die geröteten Wangen standen ihr gut.

Es vergingen einige Monate, die mit intensivem Briefkontakt gefüllt waren (nie zuvor in meinem Leben hatte ich so viele Briefe geschrieben!), bis es mir endlich gelang, Ania zu einem Besuch in Warschau zu überreden. Als ich sie durch die Altstadt führte, war sie begeistert und voller Bewunderung, so wie jeder, der die Hauptstadt nur von Bildern kannte, die eine vollkommen zerstörte und ausgebrannte Stadt zeigten. Wir setzten uns auf eine Parkbank und genossen unser Eis, das wir an einem kleinen Stand gekauft hatten.

«Ich bin wirklich beeindruckt! Es ist einfach unglaublich, wie es gelungen ist, das alles so originalgetreu wieder aufzubauen ... Die Häuser sehen aus, als wenn sie seit Jahrhunderten hier stehen würden», stellte sie aufgeregt fest. «Schau dir zum Beispiel dieses Gebäude an», sie zeigte auf ein nahestehendes Mietshaus, «oder das an der Ecke, das ist noch schöner!»

«Ja, stimmt. Aber ich denke, mit der früheren Geschichte reicht es für heute. Jetzt lerne ich gern die etwas neuere Geschichte kennen: deine! Du hast es versprochen.»

Ich lächelte Ania verschmitzt an.

«Ich bin mir nur nicht sicher, wie du reagierst, wenn du alles erfährst ...»

«Fragst du dich, ob ich dann meine Meinung ändere, dass du das hübscheste Mädchen der Welt bist?»

«Janek!»

«Viel schöner als alle Denkmäler Warschaus zusammen?»

«Du übertreibst maßlos», erwiderte sie lächelnd und etwas verlegen.

«Was kann ich dafür, dass das die Wahrheit ist?» Ich schaute ihr tief in die Augen. «Und wirklich nichts anderes ist für mich in irgendeiner Weise von Bedeutung.»

«Für viele Leute ist es das aber, denn sie sind der Ansicht, dass ein adoptiertes Kind ein Mensch zweiter Klasse sei. Ähnlich wie ... gebrauchte Kleidung, die schon jemand anders getragen hat. Sie wundern sich, dass man ein fremdes Kind lieben kann.»

«Ania, es zählt die Zukunft und nicht die Vergangenheit! Wenn jemand einen Menschen ausschließlich danach beurteilt, wo er herkommt, ist er es nicht wert, sich seine Meinung zu Herzen zu nehmen!»

«Du hast leicht reden, weil du das selbst nie erlebt hast.»

Ich bemerkte Tränen in ihren Augen.

«Wenn es für dich zu schmerzhaft ist, müssen wir nicht darüber sprechen», versicherte ich, denn ich wollte ihr nicht wehtun.

«Nein, ich möchte, dass du das weißt.»

«Ich habe mich schon entschieden! Das heißt ... ich überlege, wie ich es richtig ausdrücken soll. Seit einiger Zeit bete ich für meine zukünftige Frau. Du weißt, dass ich Geistlicher werden will, doch das Haus eines Pastors hat gläserne Wände, das kann ich aus eigener Erfahrung sagen. Viele wollen einen Blick hineinwerfen. Die Frau eines Pastors steht sozusagen im Rampenlicht ...»

«Starke Worte», bemerkte Ania lächelnd. «Ich bin mir nicht sicher, ob ich mich für so eine Aufgabe eignen würde.»

«Da habe ich nicht den geringsten Zweifel! Du bist die Antwort auf meine Gebete, meine ‹ezer kenegdo›», gab ich mit meinem beim Studium erworbenen Wissen an. Ich hatte

entdeckt, dass mich die Translatologie, verschiedene Bibel-
übersetzungen und besonders die Bedeutungsergründung
einzelner Worte außerordentlich faszinierten.

«Ich bin deine ... was?»

Ania sah mich verwundert an.

«Wir haben vor kurzem den Abschnitt über die Schöpfung
von Mann und Frau studiert», erklärte ich. «Als Gott die Frau
machte und sagte, dass er eine ‹geeignete Hilfe› für den Mann
schaffe, wird im Hebräischen an dieser Stelle der Ausdruck
‹ezer kenegdo› verwendet. Keine Bibelübersetzung gibt den
vollständigen Sinn dieser Bezeichnung wieder.

Im Urtext geht es um eine ideale Partnerin, die perfekt zum
Mann passt. ‹Kenegdo› bedeutet ‹Die ihm ähnlich ist, die ihm
entspricht›. Schwieriger zu übersetzen ist ‹ezer›. Im Alten
Testament taucht dieses Wort zwanzig Mal auf. Ein einziges
Mal, um die Frau zu beschreiben, während es in allen anderen
Abschnitten darum geht, wie Gott in einer verzweifelten La-
ge herbeigerufen wird, als einziger Rettungsanker sozusagen.
Dieses Wort steht für eine göttliche Hilfe, die das Leben rettet.»

«Bist du wirklich überzeugt, dass ich für dich eine solche
ideale Partnerin wäre ... Wie hast du es genannt? ... Ezer ...?

«Kenegdo. – Ja, auf jeden Fall!»

«Obwohl wir uns erst so kurz kennen?»

«Wie: so kurz? Es ist schließlich schon sieben Monate her,
dass wir uns zum ersten Mal begegnet sind!»

«Trotzdem weißt du nach wie vor nur wenig von mir ...
Aber ich habe ja versprochen, dir von meiner Geschichte
zu erzählen ...»

«Dann bin ich ganz Ohr», sicherte ich Ania zu.

«Ich bin ein Jahr jünger als du ...»

«Trotzdem siehst du wie ein junges Mädchen aus», warf
ich lächelnd ein.

«Keine Unterbrechungen!»

«Entschuldige, ich konnte mich nicht zurückhalten. Jetzt werde ich nur noch zuhören, versprochen!»

Ich hob zwei Finger wie zum Eid und machte eine ernste Miene.

«Ich bin in einer sehr armen Familie in Pommern geboren, obwohl meine Großeltern ursprünglich aus Ostpolen stammten, aus einem kleinen Ort einige Kilometer von der weißrussischen Grenze entfernt.»

«Da sind wir ja fast Nachbarn, denn meine Familie kommt aus Polesien, aus Kobryn!» Trotz des Versprechens unterbrach ich sie erneut. «Du stammst von vor dem Wald und ich von dahinter!»

«Mmmm, etwas groß, dieser Wald!», lachte sie. «Obwohl tatsächlich nicht einmal hundert Kilometer dazwischen liegen. – Ich dachte, dass ihr aus Oberschlesien kommt?»

«Nein, Papa ist in den dreißiger Jahren wegen der Arbeit dorthin gefahren, weil er aufgrund seines Glaubens keine Anstellung in seiner Heimat bekommen hat. Mama ist ein Jahr später nachgekommen. Das war Gottes Fügung, denn kurz danach ist der Krieg ausgebrochen, und unzählige Menschen wurden aus diesen Gebieten nach Sibirien deportiert. Auch meine Großeltern mit ihren restlichen vier Kindern waren davon betroffen. Leider sind sie nicht vollständig zurückgekehrt, während meine Eltern den Krieg unter verhältnismäßig sicheren Umständen überlebt haben, auch wenn selbst sie nicht vor schwierigen Erlebnissen verschont geblieben sind.»

«Das alles ist äußerst interessant, und du musst mir irgendwann mehr darüber berichten, doch jetzt lass mich bitte erst einmal weitererzählen.»

«Es tut mir leid! Ab sofort werde ich ganz sicher nicht mehr dazwischenfunken!», beteuerte ich und legte die Hand auf meinen Mund.

«Mein Vater war ein begabter Zimmermann, und die Leute sagten, dass er vor keiner Arbeit zurückschreckte. Alles, was ich von ihm weiß, sind leider nur die Erinnerungen von anderen. Angeblich hat er Akkordeon gespielt und wunderschön gesungen. Als ich knapp anderthalb Jahre alt war, ist er wahrscheinlich an einer Lungenentzündung gestorben. Nach seinem Tod sind wir fast mittellos zurückgeblieben, weil Mama oft krank war und vier Kinder zu versorgen hatte: drei Mädchen und einen Jungen.

Als ich neun Jahre alt war, wurde die Situation zu Hause geradezu dramatisch. Mama war schwer krank, und unsere älteste Schwester, Anielka, musste ins Krankenhaus. Wir lebten in einem solchen Elend, dass meine sechs Jahre ältere Schwester, Lilka, an die Zeitschrift ‹Freundin› geschrieben und unsere Situation geschildert hat.

Daraufhin besuchte uns eine Redakteurin, die ein paar Tage später mit einer zweiten Frau wiederkam. Sie haben Lilka und mich in ein Kinderheim mitgenommen. Das war Ende Oktober oder Anfang November. Zu Weihnachten …»

Ania machte eine Pause und schloss die Augen.

«Zu Weihnachten erfuhren wir von Mamas Tod. Meine Familie war russisch-orthodox, deshalb wurde Weihnachten im Januar gefeiert. Mamas Beerdigung fand am nächsten Tag statt. Wir waren nicht einmal in der Lage, hinzufahren.»

Tränen liefen über ihre Wangen.

Ich spürte einen großen Kloß im Hals. Es musste schrecklich sein, beide Eltern so früh zu verlieren. Ich legte meinen Arm um sie.

«Du musst nicht weitererzählen», sagte ich mit erstickter Stimme.

«Doch», sie schüttelte den Kopf, «ich will dir davon erzählen. Es ist inzwischen fast zwölf Jahre her, aber ich kann mich nach wie vor nicht damit abfinden. Bis heute fällt es mir schwer, mich an Weihnachten zu freuen, obwohl es ein wunderbares Fest ist. Und mittlerweile bin ich zwar erwachsen, doch Mama fehlt mir immer noch sehr. Wie oft habe ich mir vorgestellt, wenn ich nachts nicht schlafen konnte, dass sie kommen, mich umarmen und küssen würde ...»

Sie wischte sich die Tränen von den Wangen, und ich reichte ihr ein Taschentuch.

«Wir waren Waisen geworden. ‹Waise›, wie ich dieses Wort gehasst habe! Bis ich verstand ... Nein, davon erzähle ich dir in einer Weile. Es war gut, dass ich mit meiner Schwester zusammen war, denn von unseren anderen Geschwistern haben sie uns getrennt. Im März des folgenden Jahres wurden wir sowie fünf weitere Mädchen in ein nahegelegenes Waisenhaus gebracht. Es war ein wunderschönes Gebäude mit einem kleinen Türmchen, und obwohl es sehr vernachlässigt aussah, stellte ich mir vor, ich würde in einem Palast wohnen.

Für andere war es einfach nur ein Waisenhaus, aber mir ging es dort nicht schlecht. Ich hatte zu essen und habe nicht gefroren. Im Vergleich zu einigen anderen Mädchen war ich brav, deshalb wurde ich ziemlich schnell zum allgemeinen Liebling.»

Ania lächelte unter Tränen.

«Ungefähr vier Jahre später, als ich dreizehn Jahre alt war, führte die Zeitschrift ‹Abendexpress› eine Aktion durch, bei der sie sich dafür stark machte, dass Familien über die Weihnachtsfeiertage Kinder aus Waisenhäusern zu sich nach Hause einluden. In der Nähe wohnte eine gläubige Familie, die in ihrer Gemeinde sehr engagiert war: Wiktor und Danuta. Einige Monate zuvor hatten sie eine Tragödie erlebt, als ihr jüngster Sohn völlig unvorhergesehen starb. Sie hatten noch einen Sohn und eine Tochter, die etwas älter waren als ich.

Als Wiktor von dieser Aktion las, beschloss er, dass sie ein Kind einladen würden, am besten ein Mädchen, und dass es anschließend vielleicht sogar bei ihnen bleiben könnte. Sie meldeten sich im Waisenhaus, und die Leiterin wählte mich aus, weil sie wusste, dass ich keine Probleme machen würde.

Nach Weihnachten, kurz vor meiner Rückkehr ins Waisenhaus, fragten Wiktor und Danuta mich, ob ich bei ihnen bleiben wolle. Ich war mir nicht sicher, dennoch nickte ich gehorsam mit dem Kopf, weil mir beigebracht worden war, dass es unhöflich sei, etwas abzulehnen. Und so begannen ihre Bemühungen, mich zunächst als Pflegekind in ihre Familie aufzunehmen.

In der damaligen Zeit wurde so etwas eigentlich relativ schnell abgewickelt, doch ausgerechnet ihnen machte man es außerordentlich schwer, weil sie sich offen in der Kirchgemeinde engagierten. Das war 1958, und langsam setzte nach Stalins Tod politisches Tauwetter ein. Wiktor war grundsätzlich ein friedfertiger Mensch, aber wenn ihm an etwas lag, konnte er sehr entschlossen auftreten. Die Schwierigkeiten haben ihn nicht entmutigt, sondern ganz im Gegenteil: Er betete umso intensiver und wurde noch aktiver.

Als er erfuhr, was das Hindernis darstellte, wandte er sich an die Aufsichtsbehörde und machte einen Aufstand. Er, der eigentlich immer freundlich war, sagte ihnen offen ins Gesicht, dass sie Säufern ohne große Umstände und Abklärungen ein Kind geben würden, nur ihnen nicht, weil sie gläubig seien. Stell dir vor, das hat geholfen! Im Mai, kurz vor Abschluss der siebten Klasse, war ich bereits bei ihnen.

Die Zeit des Wartens darauf war für mich allerdings äußerst unangenehm. Es gab Mädchen, die schrecklich eifersüchtig darauf waren, dass ich Weihnachten in einer Familie verbringen durfte und eine schönere Zeit hatte als sie. Sie erzählten sogar herum, dass ich schlecht über das Waisenhaus reden würde. Das waren natürlich Lügen, doch ich bemerkte, dass die Mitarbeiter anfingen, mich reserviert zu behandeln, völlig anders als vorher. Das hat mir sehr wehgetan.

Rückblickend kann ich diese Mädchen aber verstehen, und ich hege keinen Groll mehr gegen sie, denn ein Waisenhaus ist wirklich nicht der herrlichste Ort. Dort beneiden sich die Kinder um alles: um jede warme Geste, jedes nette Wort, jedes kleinste Geschenk. Warst du irgendwann schon einmal in einem Waisenhaus oder Kinderheim?»

«Nein, noch nie.»

«Das ist kein Haus im Sinne von einem Zuhause, denn die Kinder bilden keine Familie. Wer nicht dort gewesen ist, kann nicht verstehen, wie hungrig sie nach Liebe sind. Sie träumen davon, dass jemand den Arm um sie legt, aber ihre größte Sehnsucht ist die Zusicherung, geliebt zu werden. Niemand von uns hat das dort jemals gehört ... Den Erziehern wurde sogar verboten, die Kinder hochzunehmen oder zu umarmen, aus Angst, dass sich die Kleinen daran gewöhnen könnten.»

Ania verbarg das Gesicht in den Händen.

Sanft zog ich sie zu mir. Erst nach einer längeren Weile war sie in der Lage, weiterzusprechen.

«Ich habe noch nie jemandem so offen davon erzählt. Ich konnte es bisher nicht ...», sagte sie leise. «Ich erkenne mich selbst nicht wieder ... Hast du von Vorfällen gehört, wo Kinder in solchen Heimen misshandelt und von Erziehern oder anderen Kindern geschlagen werden, wo Diebstähle passieren und sogar sexueller Missbrauch, wobei das streng geheim gehalten wird?», brach es heftig aus Ania heraus.

Ich traute meinen Ohren kaum. Von diesen Dingen hörte ich zum ersten Mal.

«Nein.»

Ich schüttelte den Kopf.

«Ehrlich gesagt, Ania, hatte ich bisher nie etwas mit diesem Thema zu tun. Das einzige Kinderheim, von dem ich etwas weiß, ist das Waisenhaus, das Tante Olga und ihr Mann kurz nach dem Krieg gegründet hatten. Das wurde damals von der Kirche initiiert.»

«Ich will nicht schlecht über diese Orte reden, denn zweifellos haben sie vielen Kindern wie mir und meiner Schwester das Leben gerettet. Aber selbst das beste Heim kann keine Familie ersetzen. Genauso ist eine Pflegefamilie nicht in der Lage, die richtigen Eltern zu ersetzen. Meine Betreuer konnte ich nie ‹Eltern› nennen. Wahrscheinlich war ich schon zu alt dafür. Es waren gute Menschen, nur ...»

Ania machte eine lange Pause, und ich sah, dass es ihr schwerfiel weiterzusprechen.

«In den Sommerferien, unmittelbar nachdem alle Formalitäten wegen der Adoption abgeschlossen waren, hat sich viel verändert. Wiktor bekam eine Stelle als Abteilungsleiter in der Stadtverwaltung von Danzig. Dort wurde ihm eine Dienstwohnung zugeteilt, und so zogen wir um.

Alle dachten, dass das eine Veränderung zum Guten sein würde. Danzig war eine große Stadt mit vielversprechenden Perspektiven. Aber ich, als Mädchen aus einem kleinen Dorf, fühlte mich dort absolut verloren. Für mich war das eine viel zu drastische Umstellung. Alles war neu und fremd: die Umgebung, die ganze Atmosphäre, die Menschen.

Ich war ein sehr schüchternes Kind und traute mich nicht, nach irgendetwas zu fragen, selbst wenn es um völlig banale Dinge ging. Im Waisenhaus war ich daran gewöhnt gewesen, mit drei anderen Mädchen am Tisch zu sitzen und in der Mitte des Tisches einen Teller mit vier Portionen vor mir zu haben, von denen eine für mich war. Doch zu Hause, vielleicht wirst du darüber lachen, gab es keine fertigen Portionen, und ich wusste nicht, ob ich mir etwas nehmen durfte oder nicht.»

«Hast du nicht gefragt?»

«Ich habe mich furchtbar geschämt.»

«Und haben sie nicht gemerkt, dass du Angst hattest oder dass du dir unsicher warst?»

«Nein.»

Sie schüttelte den Kopf.

«Sie waren herzliche Leute, aber sie konnten sich nicht vorstellen, dass mir etwas peinlich war oder ich mich nicht traute, offen zu reden. Wahrscheinlich dachten sie, dass ich einfach wortkarg sei, während ich tatsächlich Angst hatte. Ich wartete darauf, dass sie mich fragen würden, und vielleicht hätte ich dann etwas erklären können, doch sie brachten mir kein größeres Interesse entgegen. So habe ich es zumindest empfunden.»

«Das muss schwer gewesen sein.»

Ich versuchte, mich in Anias Situation hineinzuversetzen.

«Ehrlich gesagt habe ich mich die ganze Zeit fremd bei ihnen gefühlt, wie zu Besuch. Meine Rettung war in gewisser Weise, dass ich nach dem Abschluss der achten Klasse auf dem Pädagogischen Gymnasium in Stolp angenommen wurde und ins Internat umziehen konnte. Dort herrschten klare Regeln. Ich fuhr einmal im Monat nach Hause, meist erst am Samstagabend, und Sonntagnachmittag kehrte ich schon wieder zurück.»

«Hat sich mit der Zeit nichts verbessert?»

«Nein, leider nicht. Die Beziehungen in der Familie haben sich eher noch verkompliziert, als kurz vor meinem Abitur Wiktor völlig überraschend starb. Nur wenige Monate zuvor war bei ihm Krebs diagnostiziert worden, doch keiner hatte damit gerechnet, dass er so schnell sterben würde. Er war gerade einmal etwas mehr als fünfzig Jahre alt.

Wiktor war von seinem Wesen her ausgeglichen, ruhig und beherrscht, Danuta aber war das komplette Gegenteil. Sie hatte ständig emotionale Schwankungen, und ich wusste nie, wie sie reagieren würde. Einerseits war sie sehr offenherzig und außergewöhnlich gastfreundlich, doch wenn sie etwas ärgerte oder Dinge anders liefen als gedacht, wurde sie wütend und begann zu schreien. Dann hatte man das Gefühl, sie würde einem jeden Moment das Fell über die Ohren ziehen. Und das betraf nicht nur mich, sondern auch ihre eigenen Kinder.

Ich weiß, dass Wiktor und Danuta es gut gemeint haben, aber heute denke ich, dass sie sich zu schnell nach dem Tod ihres Sohnes für die Adoption entschieden haben. Vielleicht wollten sie jemanden, der die Leere ausfüllte?

Allerdings hatten sie ein kleines Kind verloren, während ich ja schon eine Jugendliche war. Unabhängig davon ist sowieso kein Kind in der Lage, ein anderes zu ersetzen.»

«Und wie ist jetzt das Verhältnis zwischen euch?»

«Wir haben sporadisch Kontakt. Glücklicherweise habe ich nach meinem Schulabschluss gleich eine Arbeit gefunden und ein kleines Zimmer im Haus eines Lehrers bekommen. Dort wohne ich seitdem. Ab und zu besuche ich Danuta, aber wir sehen uns auch jeden Sonntag in der Gemeinde.»

«Und wie ist es mit ihren leiblichen Kindern, deinen Stiefgeschwistern? Hört ihr hin und wieder voneinander?»

«Wir haben uns nie besonders nahegestanden. Selbst die Ferien verbrachten wir getrennt. Ich bin entweder in mein Heimatdorf gefahren, um meinem Bruder zu helfen, oder zu meiner Schwester, die in der staatlichen Landwirtschaft gearbeitet hat. Manchmal wurde ich zu Kazimiera geschickt, der Schwester von Danuta, weil sie kleine Kinder hatte und ich mich um sie kümmern sollte.»

«So ein Familien-Aschenputtel», bemerkte ich ironisch.

«Mmmm, etwas in der Richtung.»

Sie lächelte ein wenig.

«Im Grunde hatte ich eigentlich kaum eine Gelegenheit, wirklich mit dieser Familie zusammenzuwachsen. Das alles ist schwierig für mich ... Einerseits bin ich ihnen dankbar dafür, dass sie mich aus dem Waisenhaus geholt haben, denn viele verlassen es irgendwann mit tiefen inneren Wunden und Narben. Deshalb ist mir bewusst, dass ich ihnen viel verdanke.

Aber auf der anderen Seite habe ich mich in dieser Familie nicht wohlgefühlt. Es kam mir nie so vor, als wäre es meine Familie ... Dennoch weiß ich zu schätzen, was sie getan haben, und danke ihnen vor allem dafür, dass sie mir von Gott und seiner Liebe erzählt haben.»

«Das geht mir genauso! Ich durfte auch dank meiner Eltern Gott kennen lernen.»

Ania nickte verständnisvoll.

«Ich habe Verluste erlitten: mein Papa, meine Mama, später Wiktor. Mit jedem Verlust wurde die Leere in meinem Herzen größer. Viele Nächte habe ich durchgeweint, weil ich mich verlassen und einsam fühlte. Dann hat mir jemand eine Karte mit einem Vers aus den Psalmen geschenkt: ‹Wenn auch mein Vater und meine Mutter mich verlassen, so nimmt doch der Herr mich auf.›

Ich habe diese Worte immer und immer wieder gelesen, bis ich verstand, dass nur Gott in der Lage sein würde, die Leere in mir zu füllen. Er wurde für mich derjenige, den ich am meisten brauchte: ein Vater, ein echter Papa.

Vorhin habe ich dir erzählt, dass ich das Wort ‹Waise› gehasst habe. Als ich jedoch Gottes Liebe erlebte, wusste ich, dass ich nie mehr eine Waise sein würde, selbst wenn ich völlig allein auf der Welt zurückbleiben sollte.»

«Ania, ich habe noch nie jemanden so schön und bewegend über Gottes Liebe sprechen hören wie dich.»

«Ich weiß nicht, ob es so schön ist ... Es war ein schmerzhafter Weg dahin», seufzte sie.

«Es tut mir so leid, dass du das alles durchmachen musstest ...»

Ich legte meinen Arm um sie.

«Auch ich bin deinen Adoptiveltern dankbar.»

Ein Jahr
später

Basias Geschichte, Teil 2

«Janek?», hörte ich eine Frauenstimme hinter mir.

Ich drehte mich um und sah eine junge blonde Frau, die mir auf den ersten Blick unbekannt vorkam. Einige Sekunden lang schaute ich sie fragend an.

«Basia, du bist es!»

Endlich kam die Erleuchtung.

«Ich hätte dich fast nicht wiedererkannt!»

«Ich dich sofort! Dein Pony würde dich noch am anderen Ende der Welt verraten», lachte sie. «Du hast dich kaum verändert, außer dass du mit Sicherheit männlicher geworden bist.» Sie sah mich aufmerksam an. «Und du bist immer noch sehr schlank. Wie viele Jahre sind wohl vergangen, seit wir uns das letzte Mal gesehen haben?

«Wahrscheinlich acht, wenn nicht sogar mehr. Aber auch du siehst wunderbar aus», sagte ich und umarmte sie herzlich.

«Du warst schon immer sehr nett.»

Basia lachte erneut.

«Wie geht es dir?»

«Bei mir ist ziemlich viel passiert ...»

«Bei mir auch! Vielleicht ...», ich warf einen Blick auf die Uhr, «gehen wir irgendwo einen Kaffee trinken, wenn du ein bisschen Zeit hast?»

«Einen Kaffee?»

Sie zögerte einen Moment und schaute ebenfalls kurz auf die Uhr.

«Ich bin fertig mit dem Unterricht und habe heute eigentlich keinen Termin mehr.»

«Bei mir fährt erst in anderthalb Stunden der Zug nach Warschau. Vorn an der Ecke ist ein kleines Café. Gehen wir?»

«Warum nicht?», stimmte sie zu.

«Einen Milchkaffee bitte.»

Basia gab als Erste ihre Bestellung auf.

«Wenn Sie etwas Süßes haben, würde ich auch nicht Nein sagen. Ich bin schrecklich hungrig», sagte sie lächelnd.

Kurz darauf brachte uns die Kellnerin zwei Tassen Kaffee sowie zwei Stücke Sahnekuchen.

«Ladies first. Erzähl mal, was bei dir in den vergangenen Jahren los war», schlug ich vor, während ich meinen Kaffee umrührte.

«Fang du lieber an.»

«Ich weiß gar nicht, wo ... Es ist so viel passiert. Vielleicht das Wichtigste zuerst: Ich studiere mittlerweile in Warschau Theologie und bin seit vier Wochen verlobt», erklärte ich stolz.

«Das ist ja großartig! Du bist also in die Fußstapfen deines Vaters und deines Onkels getreten. Das liegt bei euch offensichtlich in der Familie.»

«Oh, aber das ist nicht von Anfang an so gewesen. Ich wusste zwar, dass mein Vater tief im Innersten darauf hoffte, dass sein geliebter und einziger Sohn so wie er Geistlicher werden würde, doch ich hatte zunächst andere Pläne. Er wollte, dass ich studiere, deshalb habe ich mich für ein Geodäsie-Studium[4] an der Warschauer Uni beworben.

Die Aufnahmeprüfung habe ich zwar bestanden, es gab allerdings nicht genug Studienplätze, deshalb haben sie mir den Fachbereich Metallurgie in Tschenstochau empfohlen. Ich habe das Studium begonnen, aber das war nichts für mich. Ich wollte schon gegen Ende des ersten Jahres das Handtuch werfen.

In den Sommerferien wurde mir klar, worin meine Berufung tatsächlich besteht. Der Pastor einer benachbarten Gemeinde hatte mich darum gebeten, ihn während seines

---

[4]Die Geodäsie ist die Wissenschaft von der Ausmessung und Abbildung der Erdoberfläche. (Quelle: Wikipedia)

Urlaubs zu vertreten. Dort kam eine Frau zu mir und fragte mich, ob ich an der Hochschule nicht meine Zeit vergeuden würde. Das war der Auslöser dafür, dass ich anfing, ernsthaft über mein Leben nachzudenken. Bereits am nächsten Tag wusste ich, was ich tun wollte: Gott dienen.»

«Und deshalb hast du zum Theologiestudium gewechselt?»

«Ja, und ich weiß, dass das die beste Entscheidung war. Ich lerne viel, entdecke die Bibel in einer tieferen Weise, und es ist für mich insgesamt eine gute Schule des Vertrauens auf Gott. Außerdem komme ich mit Leuten aus anderen Gemeinden in Kontakt, das ist eine große Bereicherung.»

«Deine Eltern freuen sich sehr, oder?»

«Auf alle Fälle, aber ich habe ein bisschen Angst, dass die Leute mich immer mit Papa vergleichen werden. Viele Ältere erinnern sich noch an mich als kleines Kind, und für sie bin ich nach wie vor ‹der Sohn von Piotr›.»

«Mmmm, das stelle ich mir auch nicht so leicht vor. Ich glaube, du bist genauso feinfühlig wie dein Vater. Obwohl du ihm rein äußerlich nicht besonders ähnlich siehst.»

Sie schaute mich aufmerksam an.

Ich konnte mir denken, warum sie der Ähnlichkeit zu den Eltern so eine Bedeutung beimaß, aber ich wollte Basia keine schwierigen Fragen stellen.

«Und privat? Du hast erwähnt, dass du verlobt bist. Wann soll denn die Hochzeit stattfinden, und wer ist die Glückliche?»

«Sie ist wunderbar, heißt Ania und unterrichtet in einer Grundschule. Sie kommt aus Pommern beziehungsweise ursprünglich aus Ostpolen, doch das ist eine längere Geschichte. Die Hochzeit ist in drei Monaten, ich kann es kaum erwarten! Aber genug von mir, jetzt erzähl du, was sich bei dir alles ereignet hat.»

«Ich studiere Wirtschaftswissenschaft hier in Kattowitz. Du siehst, ich habe komplett andere Interessen als meine Eltern.»

«Wie geht es ihnen denn? Meine Eltern erinnern sich immer gern an sie.»

«Bei ihnen ist alles in Ordnung, sie sind gesund, und Papa hat Arbeit. Aber ich weiß nicht ..., ob du weißt, dass sie nicht meine richtigen Eltern sind?»

«Ja. Marianna hat mir vor vielen Jahren davon erzählt. Damals wolltest du selbst nicht darüber sprechen, und jetzt?»

«Inzwischen fällt es mir nicht mehr so schwer.»

«Ich bin mir nicht sicher, ob ich geradeheraus fragen darf: Als du die Wahrheit erfahren hast, hat dir das sehr wehgetan?»

«Ich kann kaum in Worte fassen, wie sehr. Mittlerweile sind einige Jahre vergangen, und ich habe die Situation akzeptiert, doch es war ein langer Prozess. Es ist schwer zu beschreiben, wie man sich fühlt, wenn sich plötzlich herausstellt, dass die Leute, die man sein Leben lang für seine Eltern gehalten hat, es gar nicht sind.»

Sie schaute durch das große Fenster des Cafés nach draußen, und ich merkte, dass sie die Tränen unterdrückte.

«In einer Familie sollte es keine solchen Geheimnisse geben. Die Wahrheit kommt früher oder später sowieso ans Licht. Weißt du, wie ich mich gefühlt habe?»

Sie sah mich aufmerksam an.

«Betrogen. Ich habe mich gefragt: Wer bin ich eigentlich wirklich? Wenn ich es von Anfang an gewusst hätte, wäre es sicher auch nicht einfach gewesen, trotzdem denke ich, dass ich die Wahrheit im ungünstigsten Moment erfahren habe. Ich war wütend auf alle: auf meine Eltern, sowohl auf die einen als auch auf die anderen, auf Gott, auf die ganze Welt.»

«Auf Gott?»

«Ja, am Anfang habe ich ihm die Schuld dafür gegeben, dass meine eigene Mutter mich verlassen hat. Und das hat mir den größten Schmerz bereitet. Aber auch dafür, dass er es zugelassen hat, dass meine Adoptiveltern mich jahrelang belogen haben. Ich hatte keine Ahnung, wer mich geboren hatte! Warum hatte diese Frau mich weggegeben? Wer war ich wirklich? Ein Findelkind? Ein Bastard? Mir kamen die schlimmsten Bezeichnungen in den Sinn, und ich habe mich mit ihnen identifiziert.»

Ich sah, wie schwer es für sie war, über dieses Thema zu sprechen.

«Weißt du, als ich erfuhr, dass du adoptiert wurdest, habe ich meiner Mutter davon erzählt. Auch ich war der Meinung, dass deine Eltern dir die Wahrheit viel früher hätten sagen sollen. Meine Mutter war jedoch davon überzeugt, dass sie offensichtlich wichtige Gründe hatten, es nicht zu tun.»

«Das habe ich von vielen gehört, aber ich stimme dem nicht zu! Unter unseren Altersgenossen gab es eine ganze Reihe von adoptierten Kindern, deshalb fürchteten sich meine Eltern höchstwahrscheinlich gar nicht so sehr davor, wie ich darauf reagieren würde, dass ich nicht ihre leibliche Tochter war, sondern eher davor, dass ich womöglich zumindest zur Hälfte Deutsche bin.»

«Marianna hat so etwas erwähnt, allerdings war sie sich nicht sicher, ob es stimmte.»

«Doch, es ist die Wahrheit. Heute weiß ich, dass meine biologische Mutter nach dem Krieg zur Umsiedlung gezwungen wurde und mich zurückgelassen hat, weil ich zu klein für die Reise war.

Als der erste Schock vorüber war, habe ich mich näher für dieses Thema interessiert und angefangen, nach weiteren Informationen zu suchen.

Die Deutschen haben den Polen während des Nationalsozialismus eine sechsjährige Hölle bereitet, und deshalb wurde jeder Deutsche für einen Nazi gehalten. Ich will ihre Schuld nicht kleinreden, aber ...»

Sie senkte die Stimme und schaute sich um, ob uns auch niemand zuhörte.

«In Schlesien haben schließlich seit Jahrhunderten Schlesier gelebt, sowohl polnischer als auch deutscher Abstammung. Ich habe keine Ahnung, was für eine Einstellung meine biologische Mutter zum Krieg hatte, ich will sie nicht entschuldigen, dennoch vermute ich, dass sie selbst nichts Schlimmes getan hat. Sicher war sie eines jener Opfer des Faschismus, die gegen Ende des Krieges von hier weg mussten. Darüber spricht niemand, aber als die Deutschen hörten, dass die Rote Armee heranrückt, haben sie sich mit Arsen vergiftet, sind aus Fenstern gesprungen, Väter haben ihre Frauen und Kinder erschossen und anschließend Selbstmord begangen.

Viele Frauen, die die Gelegenheit hatten, evakuiert zu werden, haben ihre Babys zurückgelassen, weil ihnen bewusst war, dass die Kleinen die Flucht nicht überleben würden. Denn es war eine schreckliche Reise: im Winter Hunderte von Kilometern zu Fuß, ohne Essen, auf die Gnade fremder Menschen angewiesen und immer auf der Hut vor Soldaten und irgendwelchen Banden.»

Basia hatte Tränen in den Augen. Sie schwieg eine längere Weile und schaute gedankenverloren in ihre Kaffeetasse.

«Hin und wieder habe ich gehört, wie beleidigend sich manche über solche Kinder geäußert haben, die in Polen zurückgelassen wurden ... Jedes Mal habe ich die Zähne zusammengebissen, um nicht zu verraten, dass ich ...»

«Das tut mir sehr leid ... Ich kann mir kaum vorstellen, wie furchtbar schwer das für dich gewesen sein muss», seufzte ich. «Und dein richtiger Vater? Weißt du etwas von ihm?»

«Bis jetzt bin ich auf keine Spur von ihm gestoßen. Ich weiß nur, dass er mit ziemlicher Sicherheit nicht der Ehemann meiner Mutter war. Ich bin also tatsächlich ein ‹Bastard›. Das hat mich jahrelang unsagbar belastet ...»

«Geht es dir immer noch so?»

«Nein, das hat sich inzwischen geändert, weil ich entdeckt habe, wer ich wirklich bin.»

«Ja?»

Ich sah sie gespannt an und stellte mich auf irgendeine sensationelle Nachricht ein.

«Es klingt vielleicht etwas pathetisch», sie lachte, «aber das sind keine Floskeln, sondern meine Gedanken und Gefühle. Ich habe verstanden, dass man sich allein und abgelehnt fühlen kann, auch wenn man Eltern hat, doch dass man selbst als Waise nicht unter Einsamkeit leiden muss. Ich habe meinen wahren Vater gefunden. Psalm 139 hat mir dabei geholfen zu erkennen, wer ich bin: ‹Du hast mich gebildet im Mutterleib. Ich preise dich dafür, dass du mich wunderbar gemacht hast.› Gott selbst hat mich geschaffen, und das hat für mich die größte Bedeutung. Nicht die Tatsache, dass ich halb deutsch und halb wer-weiß-ich-was bin.»

«Das ist erstaunlich», nickte ich.

«Ehrlich gesagt hat es ein paar Jahre gedauert, bis ich das verstanden hatte.» Basia lächelte traurig. «Ich habe mich mit Gott gestritten, habe mit ihm gekämpft, bis ich endlich eine Antwort fand. Erst als ich akzeptiert hatte, wer ich wirklich bin, habe ich inneren Frieden gefunden.»

«Meine Verlobte Ania ist auch in einer Adoptivfamilie aufgewachsen. Aber vorher, seit ihrem neunten Lebensjahr, hat sie etwas mehr als vier Jahre in einem Waisenhaus verbracht. Sie hat dasselbe erlebt wie du: In dem Moment, als sie in Gott ihren wahren Vater gefunden hat, verschwand das Gefühl von Einsamkeit in ihrem Herzen!»

«Das ist also kein Zufall ...»

Basias Gesicht hellte sich auf.

Erst in dem Moment bemerkte ich, dass ich durch unser Gespräch Kaffee und Kuchen völlig vergessen hatte.

«Jetzt habe ich dich so ausgefragt, dass dein Kaffee kalt geworden ist, das tut mir leid», entschuldigte ich mich.

«Und das, wo ich so einen Hunger hatte», lachte Basia und widmete sich der Köstlichkeit auf ihrem Teller. «Ich liebe diesen Kuchen», erklärte sie voller Genuss. «Siehst du, was ich für eine Patriotin bin? Ich habe den starken Verdacht, dass mein Vater Pole war», fügte sie lächelnd hinzu.

«Darf ich dir noch eine Frage stellen?»

«Natürlich, frag ruhig.»

«Hast du ein gutes Verhältnis zu deinen Adoptiveltern?»

«Mittlerweile ja. Ich liebe sie, obwohl es lange gedauert hat, bis ich ihnen verzeihen konnte. Es gab eine Zeit, in der ich keinen Kontakt zu ihnen wollte. Damals sagte eine meiner Freundinnen zu mir: ‹Sei froh, dass du in einer Familie aufgewachsen bist, die dich geliebt hat. Als ich zur Welt gekommen bin, wollte mich mein biologischer Vater nicht einmal anschauen, weil ich kein Junge war. Bis heute hat sich nichts daran geändert, dass er mich lediglich gerade so toleriert.›

Ihre Worte waren der Auslöser, dass ich zu meinen Eltern gegangen bin und mich bei ihnen entschuldigt habe, auch wenn mir das nicht leichtgefallen ist. Ich bin nach wie vor der Meinung, dass sie es mir hätten früher sagen sollen, aber trotz allem ist es gut, dass sie es überhaupt getan haben.

Ich kann mir nicht vorstellen, wie es gewesen wäre, wenn ich es noch später erfahren hätte, zum Beispiel erst nach ihrem Tod. Dann hätte ich nicht mehr mit ihnen darüber sprechen können. Und solche Fälle gibt es ja tatsächlich!»

«Du hast Recht. Auch für mich wäre das schlimm», bestätigte ich. «Außerdem bewundere ich Leute, die Kinder adoptieren. Ich bin mir nicht sicher, ob ich selbst den Mut dazu hätte. Es ist außergewöhnlich, dass jemand ein Kind lieben kann, das nicht sein ‹eigen Fleisch und Blut› ist. Denn ganz bestimmt gibt es Momente, wo es einem so zusetzt, dass man sich fragt, ob das Ganze nicht ein Fehler war.»

«Darüber habe ich auch schon öfter nachgedacht, aber meine Mutter betont, dass sie keinen Zweifel hatten: ‹Schließlich haben Eltern niemals eine Garantie, was aus ihrem Kind wird›, meinten sie. Vielleicht ist das für einen Mann schwieriger, während bei der Frau der Mutterinstinkt überwiegt?»

«Deine Mutter hat Recht ...»

Ich schämte mich ein wenig für meine Worte. «Danke, dass du mir das alles erzählt hast!»

Vier Jahre
später

Teil 3:
Erwachsenenalter

Tante Hania und die Mosegeschichte

«Schlafen die Jungs?», fragte meine Mutter.

«Ja, sogar Antek ist endlich eingeschlafen», antwortete Ania erleichtert, während sie sich auf den großen roten Sessel fallen ließ.

«Du solltest auch so schnell wie möglich ins Bett gehen, meine Liebe. Deine Musketiere lassen dich nicht allzu viel ausruhen.»

«Ich bin noch nicht müde, Mama. Lieber sitze ich noch ein Weilchen mit euch zusammen», sagte Ania.

«Das freut uns», versicherte meine Mutter.

«Ach, wie ich unsere Weiberabende liebe! Mit meinen Männern, ohne ihnen zu nahe treten zu wollen, kann man einfach nicht so reden wie mit euch», erklärte Tante Hania und blickte von ihrer Handarbeit auf.

Ania und sie hatten sich vom ersten Moment an gemocht, als ich sie einander vorstellte. Meine Tante hatte eine enge Verbindung zu unserer Familie. Sie wohnte im Dachgeschoss, und soweit ich zurückdenken kann, rannte ich täglich die Holzstufen zu ihr und Oma hinauf, wo ich nur zu gern spielte.

«Aber streng die Omi nicht so sehr an.»

Immer wieder erinnerte mich meine Mutter daran, obwohl die beiden wirklich nichts dagegen hatten, dass ich so oft zu ihnen kam, ganz im Gegenteil, denn sie luden mich jedes Mal ein, wiederzukommen.

Ich weiß noch, wie sehr sich alle freuten, als meine Tante und mein Onkel ihren Sohn Mirek bekamen. Damals war ich acht Jahre alt. Tante Hania bat mich manchmal, auf meinen

Cousin aufzupassen, und als er etwas älter war, kam sie abends häufig zu uns, wenn Mirek bereits schlief. Gewöhnlich brachte sie einen Berg Kleidung zum Nähen mit. Mit den Köpfen über ihre Arbeit gebeugt, konnten die beiden Schwestern sich stundenlang unterhalten. Sie hatten keine Geheimnisse voreinander.

Ich liebte die Geschichte, wie meine Mutter zum Glauben an Gott gekommen war. Tante Hania hatte sich als Erste bekehrt. Als Mama davon erfuhr, beschloss sie empört, zum nächsten Treffen der Gemeinde zu gehen und nicht nur ihre jüngere Schwester dort herauszuholen, sondern auch denjenigen gehörig ihre Meinung zu sagen, die sich versammelt hatten.

Das, was sie allerdings über Gottes Liebe und Gerechtigkeit hörte, berührte sie so tief, dass sie zum einen bis zum Ende des Treffens blieb und darüber hinaus sich kurz darauf selbst von ganzem Herzen Gott anvertraute. Das verband die beiden Schwestern noch mehr miteinander.

Als ich älter wurde, erzählte Tante Hania auch von ihrem Leben, insbesondere von der Deportation nach Sibirien. Erst später, als beim Studium Diskussionen über die wahre Geschichte des Zweiten Weltkriegs aufkamen, bedauerte ich, dass ich als Jugendlicher ihren Berichten nicht aufmerksamer zugehört hatte.

Obwohl es verboten war, über bestimmte Dinge zu sprechen, hörten viele Leute in der kommunistischen Volksrepublik Polen heimlich den Radiosender «Freies Europa» und tauschten sich darüber aus. Wir diskutierten über Verschwörungstheorien zum Thema Katyn-Massaker[5] und über die Verbannungen nach Sibirien.

Mit vor Aufregung geröteten Wangen erzählte ich das, was mir von Tante Hanias Erzählungen im Gedächtnis geblieben war: dass bereits im September 1939 viele Menschen in ihrer Heimat in den früheren polnischen Ostgebieten umgebracht worden waren, und das nicht von den Nazis, sondern von ihren östlichen Nachbarn.

Laut meiner Tante galten die Gebildeteren als besonders gefährlich und wurden durch einen Schuss in den Hinterkopf getötet. Ich hatte ihre Worte noch in den Ohren:

«Ganze Familien sind in Gefängnisse und Arbeitslager gekommen, so wie wir. Keiner ist imstande, eine genaue Zahl zu nennen, aber manche sprechen von bis zu zwei Millionen Deportierten. Die meisten mussten sich im Winter 1940 auf den Weg machen, zuerst im Februar und dann im April, als sie uns mitgenommen haben. Alle wurden unter fürchterlichen Bedingungen transportiert», erinnerte sie sich mit Schmerz in den Augen.

«In Viehwaggons wurden bis zu fünfzig Personen zusammengepfercht. Als sich die Tür hinter uns schloss, begann die Hölle ... Es spielten sich entsetzliche Szenen ab, weil wir tagelang nichts zu essen und zu trinken bekamen und manche deswegen starben. Bei jedem Halt wurden die Leichen einfach aus den Waggons geworfen.

Nirgends, weder auf Bahnhöfen oder in der Umgebung, konnte man Essen kaufen, selbst wenn jemand noch Geld hatte und für einen Laib Brot alles gegeben hätte.

Die Lokomotiven gingen kaputt und froren ein, so dass wir stundenlang bei bitterster Kälte auf freiem Feld standen.

---

[5]Beim Massaker von Katyn erschossen Angehörige des sowjetischen Volkskommissariats für Innere Angelegenheiten im Mai 1940 etwa 4400 gefangene Polen, größtenteils Offiziere, in einem Wald bei Katyn. Diese Tat gehörte zu einer Reihe von Massenmorden an 22.000 bis 25.000 Berufs- oder Reserveoffizieren, Polizisten und anderen Staatsbürgern Polens, darunter viele Intellektuelle. Die Entscheidung zu diesen Massenmorden fällte der sowjetische Diktator Josef Stalin. Der Ortsname «Katyn» repräsentiert in Polen diese Mordreihe und wurde zum nationalen Symbol für das Leiden von Polen unter sowjetischer Herrschaft im Zweiten Weltkrieg. (Quelle: Wikipedia)

Nachts, wenn die Temperaturen weit unter null Grad sanken, spürten wir beißende Schmerzen. Auf irgendeinem Bahnhof sahen wir einmal eine lange Schlange von Leuten, die darauf warteten, aus einem angeketteten Metallbecher, aus dem alle tranken, etwas heißes Wasser zu bekommen. Daneben lagen viele auf dem Boden, unter ihren Köpfen hatten sie Beutel, die ihre gesamte Habe darstellten. Uns selbst blieb nach kurzer Zeit auch nicht viel mehr von unseren Sachen übrig.»

Meine Tante wurde mit ihren Eltern, meinen Großeltern, und ihren Geschwistern in die südsibirische Region Altai verbannt. Für ihr Überleben arbeiteten alle unvorstellbar hart in der Harzgewinnung. Um Brot zu besorgen, kämpfte sich Tante Hania sechzehn Kilometer auf Skiern durch den Schnee. Als sie es kaufte, war es noch warm, doch bis zur Rückkehr in die Baracke, in der sie wohnten, war es bereits vollkommen durchgefroren.

Leider überlebten mein Großvater und einer meiner Onkel diese Hölle nicht. Die restlichen Familienangehörigen kamen 1946 als Heimkehrer nach Polen zurück, ein Teil ins Ermland und nach Masuren, meine Tante und Oma nach Pommern.

Meine Eltern taten alles, um sie zu sich zu holen. So richtete mein Vater ihnen im Dachgeschoss eine Wohnung ein und besorgte meiner Tante Arbeit in einer Fabrik, in der sie später eine leitende Stellung übernahm. Dort lernte sie zudem ihren zukünftigen Mann kennen.

Tante Hania war sehr fleißig. Manchmal half sie meiner Mutter beim Bügeln, und dabei erzählte sie mir – und später auch ihrem Sohn Mirek – biblische Geschichten. Sie kannte so gut wie alle auswendig.

«Was soll ich dir denn heute erzählen, Janek?», fragte sie, woraufhin ich verschiedene Geschichten nannte, wobei ich die über den kleinen Mose am meisten liebte.

«Wieder von Mose?», wunderte sie sich. Ich wusste selbst nicht, warum, aber ich hätte pausenlos von diesem Jungen hören können, den seine Mutter in einem Bastkorb versteckt hatte und der kurz darauf von der Tochter des Pharaos aus dem Wasser gezogen wurde.

«Gott hat Mose auf wunderbare Weise gerettet, auch wenn das Ganze etwas kompliziert war», erklärte Tante Hania. «Die Tochter des Pharaos hat ihn adoptiert, weil Gott einen besonderen Plan mit ihm hatte.»

«Warum hat Gott das so eigenartig gemacht? Er ist doch allmächtig, wieso hat er dann nicht dafür gesorgt, dass Mose bei seiner Familie bleiben konnte?», fragte ich und stellte mir vor, wie schrecklich es für ein Kind sein musste, von seinen Eltern getrennt zu werden.

«Du stellst sehr kluge Fragen», erwiderte meine Tante. «Da muss ich erst einmal überlegen, denn darüber habe ich bisher nie nachgedacht.»

Natürlich kam ich gleich am nächsten Tag darauf zurück und fragte Tante Hania nach ihrer Antwort.

«Ich weiß es nicht ganz genau, aber wahrscheinlich wollte Gott, dass Mose eine Ausbildung erhält, die ihn dazu befähigt, später das auserwählte Volk ins Verheißene Land zu führen», versuchte sie, meine Neugier zu befriedigen. «In seinem Elternhaus wäre Mose als Sklave aufgewachsen, aber am Hof des Pharaos gab es nicht nur die besten Lehrer, sondern dort erlebte Mose auch, was es bedeutete, frei zu sein.»

Als ich noch jünger war, verstand ich nicht wirklich, was sie meinte, aber im Laufe der Zeit imponierte mir dieser biblische Held immer mehr, ebenso wie mich Gottes Art zu handeln zunehmend faszinierte. Moses Veränderung war einzigartig: von einem auf wundersame Weise geretteten Sklavenkind, das im Luxus aufwuchs und von der Tochter des Pharaos erzogen wurde, über ein Leben als Geächteter, der in der Einöde Schafe hütete, zum Anführer eines ganzen Volkes.

Je älter ich wurde, desto größer wurde meine Bewunderung für Moses Charakter, seine Ausstrahlung, seine Entschlossenheit, das Volk Israel aus der ägyptischen Gefangenschaft zu befreien, und später für seine außergewöhnliche Aufopferung bei der Aufgabe, ein murrendes und widerspenstiges Volk durch die Wüste zu führen.

Als ich mich einmal über die Israeliten aufregte, dass sie so undankbar waren und ständig über das Essen klagten, obwohl Gott sie täglich mit Manna und Wachteln versorgte, fragte Tante Hania mich:

«Und du, Janek, beschwerst du dich niemals? Jammerst du nicht über das Mittagessen? Was war denn letzten Sonntag, als Mama dich gebeten hat, das Gemüse mitzuessen? Hat da jemand versucht, es unter den Kartoffeln zu verstecken?»

Das war eine Lektion, die mir noch lange im Gedächtnis blieb.

Tante Hanias Geschichten wurden niemals langweilig für mich. Auch sie schien des Erzählens nicht überdrüssig zu werden, denn sie kehrte immer wieder mit Freude zu den Erlebnissen der biblischen Personen zurück. Zeit hatten wir genügend, denn die Arbeiten, bei denen sie Mama half, waren sehr zeitaufwendig. Bevor beispielsweise die Bettwäsche gebügelt werden konnte, musste sie angefeuchtet und auseinandergezogen werden. Dabei half ich Tante Hania gern.

Zuerst beträufelte sie die Bezüge und Laken, die durch die Wäschestärke ziemlich steif geworden waren, mit Wasser. Anschließend wartete sie, bis das Material etwas «weicher» geworden war, und dann nahmen zwei Personen (meistens meine Tante und ich) den Bettbezug an den beiden kürzeren Enden fest in die Hände, stellten sich einander gegenüber und zogen ihn abwechselnd über Kreuz hin und her.

Als ich kleiner war und noch nicht so viel Kraft hatte, passierte es des Öfteren, dass ich nach dem Ziehen lachend auf dem Boden oder in Tante Hanias Armen landete.

Einmal im Monat machte Tante Hania Nudeln. Sie knetete den Teig, rollte ihn zu großen Kreisen aus, die so dünn wie ein Blatt Papier waren, und trocknete sie auf Bettlaken, die im ganzen Zimmer ausgebreitet waren. Zum Schluss schnitt sie den Teig in sehr dünne Fäden. Darin war sie eine echte Meisterin.

Als Mirek auf die Welt kam, war sie nicht mehr in der Lage, Mama so oft zu helfen, doch immer wieder kam sie an den Abenden mit Handarbeiten zu uns. So war es auch an diesem Abend.

«Ich werde die Hosen von den Jungs flicken», beschloss Ania nach einem Moment des Ausruhens. «Es ist unvorstellbar, wie schnell die beiden sie an den Knien durchscheuern.»

Sie ging ins Schlafzimmer und kehrte mit einem hölzernen Nähkästchen zurück, das sie als bescheidene Aussteuer mitbekommen hatte. Dazu hatten außerdem eine weiße, zweiteilige, handgenähte Bettwäsche, eine leinene Tischdecke mit Spitzenborte, zwei Handtücher und ein Satz Küchentücher gehört.

Von ihrem Gehalt erweiterte Ania diesen Grundstock um einen echten Schatz, den sie über Beziehungen unter der Hand erwerben konnte: ein Topfset aus Emaille, je sechs flache und tiefe Teller sowie einige Gläser. Mit diesem «Vermögen» begannen wir unser Eheleben.

«Lass mich dir helfen, Liebes.»

Tante Hania ließ ihre eigene Arbeit liegen, um Ania zu unterstützen.

«Ich erinnere mich noch daran, als Janek in dem Alter war», sagte Mama. «Seine Sachen sind genauso schnell kaputt gegangen. Ich bin kaum hinterhergekommen, die Stellen an seinen Knien und Ellenbogen zu flicken. Und damals herrschte eine solche Armut, dass ich die Flicken aus irgendwelchen alten, abgetragenen Jacken oder Mänteln gemacht habe.»

Ania nahm schwarzen Zwirn, schnitt ein Stück ab und fädelte ihn durch das Nadelöhr.

«Mama, du hast von der Zeit gesprochen, als Janek noch klein war. Ich wollte dich schon einige Male etwas fragen ... ich bin mir nur nicht sicher, ob ich darf ...»

Ania wollte dieses Thema seit längerem ansprechen, hatte bisher jedoch immer gezögert.

«Was denn?»

«Wie war das alles eigentlich wirklich ...»

«Was meinst du?» Mama war überrascht.

«Weißt du, ich habe irgendwann einmal gehört, vielleicht waren das nur Gerüchte, dass ihr ihn adoptiert habt.»

Ania schaute Mama fragend an.

Im Zimmer wurde es so still, dass man eine Stecknadel hätte zu Boden fallen hören können. Mama und Tante Hania hoben wie auf Kommando den Kopf, wechselten einen Blick, und Ania bemerkte den Schreck, der sich plötzlich in ihren Gesichtern ausbreitete.

«Wer ... hat dir das gesagt?!», fragte Mama mit erstickter Stimme.

«Das weiß ich nicht mehr ... Es ist schon länger her ...»

Ania begann, sich etwas unwohl in ihrer Haut zu fühlen.

«Hast du mit Janek darüber gesprochen?», brachte Mama mit Mühe hervor.

«Nein ... er selbst hat nie etwas in dieser Richtung erwähnt, deshalb habe ich lieber nicht nachgefragt. Ich nahm an, dass es wahrscheinlich nur Gerüchte waren, doch ich wollte mich vergewissern. Entschuldige bitte.»

«Ich bitte dich sehr, dass du ihm gegenüber kein Wort darüber verlierst, denn es würde ihn verletzen, wenn er so etwas hören würde!»

Es war mehr eine Anordnung als eine Bitte.

«Du weißt, wie die Leute sind, sie mischen sich nur zu gern in fremde Angelegenheiten ein! Sie wollen alles wissen und stecken ihre Nase in Dinge, die sie nichts angehen!», pflichtete Tante Hania ihr bei.

«Entschuldige noch einmal, wenn ich dir wehgetan habe, Mama. Die Leute wissen manchmal mehr als die Beteiligten selbst. Ich weiß, wie es bei mir war … Ich werde Janek nichts davon sagen», versicherte Ania.

Mama atmete erleichtert auf. Sie wusste, dass Ania ihr Versprechen halten würde.

Fünfundzwanzig Jahre
später

Papa wird schwer krank

«Janek, ich freue mich so, dass du gekommen bist.»

Die Stimme meines Vaters war kaum zu hören, da er durch die Krankheit sehr geschwächt war.

«Ania hat etwas zur Stärkung für dich mitgeschickt», sagte ich und legte verschiedene Leckereien auf das kleine Tischchen an seinem Bett.

Obwohl Papa nie über das Krankenhaus-Essen klagte, so war es doch eher unwahrscheinlich, dass einige Scheiben ausgetrocknetes Brot und etwas Schnittkäse oder ein Klecks Marmelade einen kranken Organismus regenerieren würden.

«Die Jungs lassen dich auch herzlich grüßen.»

«Ihr seid so lieb. Und die Jungen machen mir so viel Freude! Robert hat mich gestern besucht. Wie soll ich euch nur für alles danken?»

«Aber Papa! Das sind wir dir doch schuldig», entgegnete ich, während ich den Hocker holte und mich neben sein Bett setzte. Ich nahm Papas abgemagerte Hand. «Wie geht es dir heute?»

«Ich spüre ein paar Schmerzen, aber der Arzt sagt, dass es jeden Tag etwas besser werden müsste. Alles ist in Gottes Händen ...»

Das Sprechen kostete ihn Kraft.

«Ich habe eine Bitte an dich. Könntest du den ärztlichen Entlassungsbrief und die ganze Dokumentation aus dem Krankenhaus von Warschau mitbringen? Der Doktor möchte die Befunde vergleichen.»

«Natürlich. Wo hast du sie denn? In deinem Schreibtisch?»

«Ja, sie müssten in der untersten Schublade sein, obwohl ich mir nicht hundertprozentig sicher bin. Als Mama noch lebte, hielt sie alles in perfekter Ordnung. Du weißt selbst, wie gewissenhaft sie war.»

«Ich weiß, Papa, ich weiß. Es ist ihr nur nicht gelungen, uns das beizubringen», bemerkte ich lächelnd.

«Mmmm, das ist der Chefin nicht geglückt.» Er zwinkerte mir zu, aber dann sagte er traurig: «Sie fehlt mir schrecklich. Ich kann es einfach nicht glauben, dass schon fast elf Jahre vergangen sind ...»

«Mir fehlt Mama auch.»

«Vielleicht werde ich mich ihr schon bald anschließen ...»

«Nicht so schnell, Papa! Schließlich weißt du nicht, was für Pläne der Allmächtige mit dir hat.» Ich bemühte mich, meiner Stimme einen zuversichtlichen Klang zu verleihen, doch nach dem, was ich vom Chefarzt gehört hatte, war das nicht leicht. «Vielleicht wirst du demnächst entlassen und überlebst uns alle noch!»

«Gott bewahre! Es ist Gnade, so ein Alter zu erreichen. Ich weiß, wohin ich gehe, und der Gedanke an den Tod macht mir keine Angst.»

Papas blasses Gesicht hellte sich auf.

«Das ist wahrscheinlich das Schönste, was du mir beigebracht hast ...», presste ich bewegt heraus, «dass wir uns vor dem Sterben nicht zu fürchten brauchen, weil es nicht das Ende ist, sondern der Anfang.»

Ich drückte fest seine Hand.

«Ja, ich freue mich so darauf! Ohne Schmerzen und Leiden, in der Gegenwart des himmlischen Vaters. Einfach herrlich!»

Papa lächelte und schloss für einen Moment die Augen.

«Liest du mir etwas vor?»

«Sehr gern. Was möchtest du hören?»

Als ich nach seiner alten, von starken Gebrauchsspuren gezeichneten Bibel griff, hob der Patient aus dem Nachbarbett seinen Kopf. «Würden Sie von dem Hirten und den grünen Weiden lesen?»

Ich schaute zu ihm und zu den zwei anderen Zimmergenossen meines Vaters – einem sehr schlanken jungen Mann sowie einem stattlich gebauten im mittleren Alter –, die mich aufmerksam ansahen. Papa und ich wechselten einen Blick und lächelten. Wie oft hatten wir Leute dazu ermutigt, Gottes Wort zu lesen, und wurden von ihrer Gleichgültigkeit oder der Ausrede, keine Zeit zu haben, abgewimmelt.

Im Krankenhaus allerdings musste man normalerweise niemanden dazu überreden, denn Zeit war im Überfluss vorhanden, und vielen Patienten fehlte die Hoffnung, so dass sie selbst um Gottes Wort baten, das ihnen Zuversicht schenkte. Papa hatte des Öfteren gesagt, dass sich eine Krankheit auf diese Weise als echter Segen erweisen kann.

Ich begann, Psalm 23 zu lesen, oder besser: Papa und ich sagten ihn aus dem Gedächtnis auf, wobei seine Stimme ein kaum hörbares Flüstern war und er die Augen geschlossen hatte:

Der Herr ist mein Hirte, mir wird nichts mangeln.
Er lagert mich auf grünen Auen,
er führt mich zu stillen Wassern.
Er erquickt meine Seele.
Er leitet mich in Pfaden der Gerechtigkeit
um seines Namens willen.
Auch wenn ich wandere im Tal des Todesschattens,
fürchte ich kein Unheil, denn du bist bei mir;
dein Stecken und dein Stab, sie trösten mich.
Du bereitest vor mir einen Tisch angesichts meiner Feinde;
du hast mein Haupt mit Öl gesalbt, mein Becher fließt über.
Nur Güte und Gnade werden mir folgen
alle Tage meines Lebens;
und ich kehre zurück ins Haus des Herrn lebenslang.

Ich schloss die Bibel. Im Zimmer herrschte absolute Ruhe. Die Männer wischten sich heimlich die Tränen von den Wangen.

«Papa, ich komme morgen wieder», sagte ich leise. «Ich kann gar nicht alle nennen, die dir Grüße ausrichten lassen. Jeden Tag versichern mir verschiedene Leute, dass sie für deine Gesundheit beten. Natürlich ganz besonders Tante Hania, Ania und die Jungs.»

«Und ich bete fast ununterbrochen für euch. Ich habe Tag und Nacht Zeit dafür. Weißt du, du bist für mich ... das schönste Geschenk von Gott.»

In Papas Augen bemerkte ich Tränen.

«Unsere Generation hat in schweren Zeiten gelebt, und es wurde uns nicht beigebracht, einander Komplimente zu machen oder über Liebe zu sprechen. Heute bedaure ich es, dass ich dir das so selten gesagt habe. Du sollst wissen, dass du der wunderbarste Sohn bist ... den ich je hätte haben können.»

Während er es sagte, drückte er fest meine Hand.

«Und du der wunderbarste Vater!», antwortete ich mit einem Kloß im Hals, während ich kaum die Tränen zurückhalten konnte.

Papa, stirb nicht!, flehte alles in mir, aber gleichzeitig wusste ich, dass ich ihn nicht aufhalten und sein Leiden nicht verlängern wollte, weil das, was vor ihm lag, um ein Vielfaches besser für ihn war.

Erst nachdem ich das Krankenzimmer verlassen hatte, ließ ich meinen Tränen freien Lauf.

Basias Geschichte, Teil 3

Auf dem Heimweg vom Krankenhaus begegnete mir eine Frau, die mir bekannt vorkam.

«Basia, bist du das?», fragte ich spontan.

Sie hielt an und sah mich einen Moment lang unschlüssig an. Ich wollte schon um Entschuldigung für die Verwechslung bitten, als sie rief:

«Janek! Was für ein Zufall! Ich kann es kaum glauben!»

«Ja! Etliche Jahre sind ins Land gegangen! Wie geht's dir?»

«Oh, es hat sich viel verändert. Fast alles! Ich habe geheiratet und wohne seit einigen Jahren in Deutschland, genauso wie meine Eltern. Ich bin gerade hier, um einige Dinge wegen unserem Haus zu erledigen, deshalb ist es wirklich verrückt, dass wir uns getroffen haben!»

Sie schüttelte ungläubig den Kopf.

«Bleibst du länger? Vielleicht könntest du bei uns vorbeikommen? Ich habe Ania schon oft von dir erzählt, und sie würde sich freuen, dich kennen zu lernen», erklärte ich.

«Das würde ich sehr gern, doch leider fahre ich in zwei Tagen schon wieder zurück. Es sei denn ...», sie dachte einen Augenblick nach, «heute Abend? Ich wollte eigentlich eine Schulfreundin besuchen, aber das kann ich auch später noch machen.»

«Heute?» Ich überlegte, ob ich am Abend einen Termin hatte. «Natürlich, komm vorbei. Ich gebe dir am besten meine Visitenkarte.»

Ein Griff in meine Aktentasche, und ich reichte sie ihr.

«Du bist Vorsitzender der Freien Gemeinde geworden? Hast du den Posten von deinem Vater übernommen?», wunderte sie sich. «Soll ich dich ‹Bischof› nennen?»

«Basia, mach keine Witze!»

Ich lachte.

«Das Amt bringt mehr Pflichten als Ruhm mit sich.»

«Du hast dich offensichtlich nicht verändert, das ist gut. ... Deine Adresse kommt mir bekannt vor.»

«Wir wohnen in demselben Haus wie früher. Erinnerst du dich noch, wie du hinkommst? Du musst nach dem Krankenhaus rechts abbiegen, dann findest du unsere Straße ganz leicht. Zuerst haben wir mit meinen Eltern zusammengewohnt, aber nach zwölf Jahren konnten wir die Wohnung direkt neben ihnen kaufen. Das war ein echtes Wunder.»

«Ich hoffe, dass ich es finde. Wenn es mir gelingt, auf den Ämtern alles zu erledigen, dürfte ich gegen siebzehn Uhr da sein.»

Als Basia an der Tür klingelte, musste ich die Rolle des Gastgebers übernehmen.

«Ich hatte vollkommen vergessen, dass Ania heute Elternabend in der Schule hat», entschuldigte ich mich, während ich Wasser aufsetzte.

«Sahnekuchen und Kaffee, so wie damals im Café», bemerkte ich, als ich beides servierte.

«Du hast aber ein gutes Gedächtnis!», sagte sie staunend.

«In den vergangenen Jahren hat sich so viel verändert. Jetzt hat jeder einen Pass[6] und ein Telefon zu Hause, die Geschäfte sind voller Waren, und man hat eine riesige Auswahl, doch dieser Sahnekuchen schmeckt mir immer noch», stellte Basia fest, nachdem sie den ersten Löffel probiert hatte.

«Gut, dass sich einige Dinge niemals ändern. Dieser Kuchen ist noch derselbe wie früher», pflichtete ich ihr bei.

---

[6]Kommentar der Autorin: Bis 1989 musste man in Polen einen speziellen Antrag im Passamt stellen, um einen Pass zu bekommen. So ein Antrag wurde nicht immer genehmigt, sondern oft aus «gesellschaftlichen Gründen» abgelehnt. Keiner wusste, was das konkret bedeuten sollte, aber wahrscheinlich ging es darum, dass jemand verdächtigt wurde, aus dem Ausland nicht wieder zurückzukehren. Danach musste man sich um ein Visum für das Land bemühen, in das man reisen wollte, was ebenfalls häufig abgelehnt wurde. Nach der Rückkehr musste man den Pass wieder abgeben. Viele, vor allem einflussreiche Leute in höheren Positionen wie auch alle Pastoren, wurden nach ihrer Rückkehr ins Sicherheitsamt einberufen und dort über ihren Auslandsaufenthalt ausgefragt, nach Kontakten, die sie dort hatten, und Ähnlichem.

«In Deutschland kann man so gut wie alles essen, aber sie haben keine Ahnung, wie gute Wurst oder Kuchen ohne Konservierungsmittel schmeckt.» Basia genoss das Stück sichtlich. «Köstlich …», murmelte sie.

Wie in alten Zeiten sprachen wir über unzählige Themen. Anhand von Familienfotos stellte ich ihr Ania und unsere Söhne vor.

«Und deine Eltern?»

«Mama ist schon vor einigen Jahren gestorben. Heute, als wir uns getroffen haben, bin ich gerade von Papa aus dem Krankenhaus gekommen. Sie vermuten, dass er Krebs hat», sagte ich traurig. «Er wird jeden Tag schwächer, auch wenn er innerlich völlig ruhig ist …»

«Das tut mir sehr leid …»

«Und wie ist es bei deinen Eltern?»

«Sie sagen, dass es ihnen ihrem Alter entsprechend gut geht. Aber sie sind eben nicht mehr die Jüngsten … Dennoch klagen sie nicht. Weißt du, dass ich in Deutschland meine richtige Mutter ausfindig gemacht habe?»

«Es ist dir gelungen?! Wie?»

«Als ich nach Deutschland umgezogen bin, habe ich auf dem Amt so lange nach meiner Geburtsurkunde verlangt, bis eine der Mitarbeiterinnen mir erlaubt hat, einen Blick darauf zu werfen. Die Deutschen sind sehr gewissenhaft im Archivieren von Dokumenten, dadurch bin ich letztendlich an ihre Daten gekommen und habe ihre aktuelle Adresse herausgefunden. Ich habe sie schon ein paar Mal besucht. Mein Vater war tatsächlich nicht ihr Ehemann.»

«Solche Fälle hat es im Krieg wahrscheinlich häufiger gegeben, oder? Deutsche Frauen, die eine Affäre mit einem Polen hatten, und umgekehrt.»

«Wenn es ans Licht kam, wurden die Frauen dafür gebrandmarkt. Man hat ihnen den Kopf kahl geschoren und sie auf verschiedenste Weise gedemütigt, doch im Fall meiner Mutter war es noch schlimmer, weil mein Vater weder Deutscher noch Pole war.»

«Was war er dann?»

Ich wurde immer neugieriger.

«Russe.»

«Wirklich?!» Ich konnte meine Verwunderung nicht verbergen. «Eine Deutsche und ein Russe? Sie waren doch auf den entgegengesetzten Seiten der Front! Das ist wirklich schwer vorstellbar.»

«Tja, ich konnte es auch kaum glauben.» Basia nickte. «Dann kannst du nachvollziehen, was für ein Schock das für mich war, oder?» Sie schaute mich fragend an.

«Wurde sie ... nein, nicht so wichtig.»

Ich führte den Gedanken nicht zu Ende, weil ich merkte, wie intim und schmerzhaft dieses Thema war.

«Willst du fragen, ob sie vergewaltigt wurde? Nein, zum Glück nicht! Ich weiß, wie oft das Polinnen und Deutschen zugestoßen ist. Für die Rote Armee[7] spielte die Nationalität dabei sowieso keine Rolle. Aber das war auch meine erste Befürchtung.

Mama hat kein Wort darüber verloren, wie sie sich kennen gelernt haben, sie hat nur verraten, dass es eine Kriegsromanze war, die natürlich absolut geheim gehalten wurde und kein Happy End hatte.

Es hat mich einige Mühe gekostet, ihr den Vor- und Zunamen meines Vaters zu entlocken und ihn dann über das Rote Kreuz ausfindig zu machen.

Ich konnte nirgends angeben, dass er mein Vater war, sondern nur der Freund meiner Mutter, den sie jetzt suche. Letzt-

---

[7]Die Rote Armee war die Bezeichnung für das Heer und die Luftstreitkräfte Sowjetrusslands – bzw. ab 1922 der Sowjetunion.

endlich ist es mir nach vielen Anstrengungen geglückt, an seine Adresse zu kommen.»

«Und wie ging es weiter?» Ich konnte es kaum abwarten, die Fortsetzung zu hören.

«Wenigstens einmal im Leben hat sich der jahrelange Russischunterricht ausgezahlt.» Sie lachte. «Ich habe ihm einen Brief geschrieben. Darin fragte ich zuerst ganz vorsichtig, ob er sich an meine Mutter erinnerte, weil ich annahm, dass er nichts von meiner Existenz wusste. Ich hatte Skrupel, denn ich kannte seine familiäre Situation nicht und wollte mit diesem Brief keinesfalls sein Leben verkomplizieren. Ich erwähnte, wann ich geboren wurde, und ging davon aus, dass er eins und eins zusammenzählen würde. Allerdings machte ich mir keine allzu großen Hoffnungen, dass er sich melden würde.

Als er jedoch nach einigen Monaten einen Antwortbrief schickte, war ich so nervös, dass ich zuerst nicht einmal den Mut hatte, den Umschlag zu öffnen.

Der Brief war nett. Mein Vater konnte sich denken, wer ich war ... Von der Schwangerschaft und meiner Geburt hatte er keine Ahnung gehabt, weil er den Kontakt zu meiner Mutter verloren hatte.

Unabhängig davon hätte er wahrscheinlich sowieso nicht viel tun können, weil sie sich nach Deutschland retten musste. Sie ließ mich einen Monat nach meiner Geburt zurück, aber nicht deshalb, weil ich die Strapazen der Reise nicht überlebt hätte, sondern vor allem aus dem Grund, dass ich der Beweis für ihr unmoralisches Verhalten war.

Er hat mir die Adresse seiner Arbeitsstätte gegeben und bat mich, meine Briefe dahin zu schicken. Denn seine Familie wusste ja nichts von mir. Ich wusste zwar, dass sowieso alles durch die Zensur geht, und seit er in Rente ist, hat auch seine Frau Einblick in seine Korrespondenz. Deshalb schreibe ich ihm mittlerweile als Tochter von Elvira, einer alten Bekannten, an seine Privatadresse. Er hat mich um ein Foto gebeten und auch von sich eins geschickt, wie auch ein paar kleine Geschenke.»

«Unglaublich!»

«Wenn ich ehrlich sein soll, kann ich es selbst kaum fassen und denke manchmal, dass diese Geschichte jemand anderem passiert sein muss. Nur hin und wieder bin ich traurig, weil ich mich so fühle, als hätte ich einen nahestehenden Menschen verloren. Ich habe eine Matroschka von ihm bekommen. Kennst du dieses Spielzeug, wo eine Holzpuppe in der anderen versteckt ist?

Es kommt mir so vor, als wäre es bei mir ganz ähnlich: Du öffnest eine, und darin ist die nächste, bis du zur letzten kommst, ganz in der Mitte.»

Basia war wie in Gedanken versunken.

«Gerade das, was in der Mitte eines Menschen ist, ist am wichtigsten. Du erinnerst dich bestimmt noch, wie wir alle Antoine de Saint-Exupéry zitiert haben: ‹Das Wesentliche ist für die Augen unsichtbar›?»

«Ich könnte es nicht besser formulieren. Das ist genau das, was ich die ganze Zeit lerne! Gott schaut auf das, was im Herzen ist. Für ihn zählt nicht, wer unsere Eltern sind und woher wir kommen, sondern unser Inneres. Denkst du, dass du deinen leiblichen Vater irgendwann treffen wirst?»

«Vermutlich nicht, er ist inzwischen schon ziemlich alt ... Früher konnte man ja nur als Gruppe in die Sowjetunion fahren, mit dem sogenannten ‹Freundschaftszug›, der von der Gesellschaft für Polnisch-Sowjetische Freundschaft organisiert wurde. Da meine Eltern allerdings in der Kirche engagiert waren, hatte ich keine Chance, uns stufte man als allzu ‹verdächtig› ein. Jetzt kann man seine Familie zwar besuchen, aber offiziell ist er ja kein Verwandter von mir. Er ist verheiratet und hat zwei Kinder.

Demzufolge habe ich irgendwo dort drüben einen jüngeren Bruder und eine kleine Schwester. Ich würde sie gern kennen lernen, um zu sehen, ob wir einander ähnlich sind. Wenn ich mir die Fotos von ihnen anschaue, meine ich, eine gewisse Ähnlichkeit zu entdecken. Aber wahrscheinlich wird es nie dazu kommen, dass wir uns begegnen.

Ich will ihre Welt nicht durcheinanderbringen, auch wenn es mir ein bisschen leidtut, weil ich mir immer Geschwister gewünscht habe.»

«Das kann ich gut verstehen. Diesen Wunsch haben sicher viele Einzelkinder. Hat deine leibliche Mutter nach dir denn keine Kinder mehr bekommen?»

«Nein, sie hat relativ spät einen Witwer geheiratet, der eine Tochter aus erster Ehe hatte. Ich habe ihn nie kennen gelernt. Meiner Mutter lag nicht so viel an einem engeren Kontakt zu mir, und jetzt hat sie Demenz und ist im Pflegeheim.»

«Wie haben deine Adoptiveltern eigentlich reagiert? Wissen sie überhaupt davon?»

«Ja, natürlich. Am Anfang war es nicht leicht für sie, doch ich habe ihnen versichert, dass das nichts an unserer Beziehung ändern würde. Ich wollte ihnen nicht wehtun, aber bestimmt möchte jeder Mensch seine Wurzeln kennen und wissen, woher er kommt. Letztendlich habe ich mir selbst vor Augen geführt, dass meine biologischen Eltern im Grunde fremde Leute für mich sind. Ich kann sie nicht ‹Mama› und ‹Papa› nennen. Meine wahren Eltern sind die Menschen, die mich großgezogen haben.»

In diesem Moment kehrte die vor vielen Jahren von meinem Vater gestellte Frage wie ein Echo zu mir zurück: «Welche Eltern sind wichtiger: die, die ein Kind zur Welt gebracht haben, oder die, die es großgezogen haben?»

Ich konnte mich nicht mehr erinnern, was ich damals auf diese Frage geantwortet hatte. Vermutlich war ich unschlüssig gewesen …

Abschied von Papa

Die Wohnung meiner Eltern befand sich auf derselben Etage wie unsere. Als die Kinder noch klein waren, konnten wir sie ihnen problemlos vorbeibringen, und später erleichterte es die Pflege meiner Eltern.

Ich betrat ihre Wohnung und nahm den Geruch wahr, der mich die ganze Kindheit hindurch begleitet hatte. Es war eine Mischung aus dem dezenten Kölnisch-Wasser meines Vaters, frisch gewaschener Wäsche und Bohnerwachs. Es fehlte nur das Eau de Toilette meiner Mutter.

In letzter Zeit war ich selten hier gewesen. Seit fast sechs Monaten lag Papa im Krankenhaus. Ania hatte ihm die notwendigen Sachen zusammengepackt, wobei es nur wenige waren. Um es mit Papas Worten auszudrücken: «Im Krankenhaus brauchst du nicht viel: Hausschuhe, die Bibel und hin und wieder jemanden, der deine Hand hält.»

Ich öffnete die unterste Schublade seines Schreibtisches, der aus massivem Nussbaum gefertigt und Teil des Möbelsets war, das sich meine Eltern Anfang der sechziger Jahre kaufen konnten.

Dazu gehörten außerdem ein Tisch mit vier Stühlen und ein großer dreitüriger Schrank, in dem jetzt nur noch ein paar Anzüge und Hemden von Papa hingen, die ihm mittlerweile sogar zu groß waren.

Ich sah alle Dokumente in den alten, ausgebleichten Heftern durch, die mit Mamas sorgfältiger Handschrift versehen waren: «Vorträge», «Predigten», «Gemeindeangelegenheiten», «Rechnungen» und einige andere. Die Untersuchungsergebnisse vom Krankenhaus waren allerdings nicht darunter.

Ich zog die nächste Schublade auf und überprüfte auch deren Inhalt. Sie enthielt handschriftliche Predigtnotizen meines Vaters. Im dritten Schubfach fand ich einige Bilder, unter anderem ein schwarz-weißes Hochzeitsfoto meiner Eltern. Ich nahm es heraus und betrachtete es näher.

Mama und Papa kamen mir vor wie aus einer anderen Epoche. Das war jedoch nicht verwunderlich, denn seit dem 12. Mai 1935 waren fast sechzig Jahre vergangen. Mama, zierlich, fast mädchenhaft, mit ziemlich ernster Miene, in einem schönen, weißen, geraden Kleid und einem etwas komischen Schleier, der über die Stirn ging und an den Seiten mit zwei Blumen befestigt war. Papa, leicht lächelnd, sah in seinem dunklen Anzug mit der weißen Fliege äußerst elegant aus.

Ich versuchte, die anderen Personen zu erkennen: links Mamas Eltern Paweł und Helena. Oma trug nach damaligem Brauch ein schwarzes Kopftuch. Hinter ihnen Tante Hania, deren Ähnlichkeit mit Mama geradezu ins Auge stach, Onkel Andrzej, Papas Bruder, mit seiner ersten Frau Lilianna, daneben meine zweite Oma, Papas Mutter, sowie Tante Wanda, Papas Schwester, mit ihrem Mann und ihrer kleinen Tochter Renia. Insgesamt gerade einmal zehn Hochzeitsgäste.

Das Foto war im Garten vor dem Hintergrund blühender Apfelbäume gemacht worden. Es war ein sonniger Tag, aber wahrscheinlich nicht besonders warm.

Die zerzausten Haare und die Mütze auf dem Kopf meiner Cousine legten nahe, dass es ziemlich windig und kühl gewesen sein muss. Mir wurde bewusst, dass ich fast an ihrem Hochzeitstag zur Welt gekommen war, allerdings erst neun Jahre später. Ich vermutete, dass sie wegen dem Krieg so lange kinderlos geblieben waren, aber ich hatte sie nie direkt danach gefragt.

Ich fand ein zweites Foto, das noch älter war und von 1912 stammte, dem Geburtsjahr meines Vaters. Es war wahrscheinlich das älteste und einzige erhalten gebliebene Andenken an sein Elternhaus. Unter dem Bild war in kyrillischer Schrift der Name des Fotoateliers abgedruckt. Es war kaum mehr vorstellbar, dass Polen in der Zeit von Papas früher Kindheit vollständig von der Landkarte verschwunden war und dass damals die Gebiete, aus denen meine Familie sowohl väterlicher- als auch mütterlicherseits kam, zur russischen Besatzungszone gehörten.

Das Bild war im Garten unter einem großen Baum gemacht worden (ich fragte mich, ob es derselbe Garten war wie auf dem Hochzeitsfoto) und zeigte meine Großeltern mit ihren neun Kindern. Alle mit außerordentlich ernsten Gesichtern, Opa in seiner perfekt gebügelten Uniform des Postamtleiters, Oma im Festtagskleid, die Haare zu einem Knoten zusammengesteckt, mit einem wenige Monate alten Baby auf dem Arm: meinem Vater. Dazu Onkel Andrzej mit seinem üppigen schwarzen Schopf, das siebte Kind der Familie, damals ungefähr acht Jahre alt, auf dem Gras sitzend und an die Beine seiner Mutter angelehnt.

Ich kehrte in die Wirklichkeit zurück, schließlich war ich auf der Suche nach den Krankenhausbefunden. Ich sah die übrigen Schubfächer gründlich durch.

Vielleicht ..., blitzte plötzlich ein Gedanke in mir auf, *finde ich bei der Gelegenheit diesen grauen Umschlag, der mir vor so langer Zeit in die Hände gefallen ist?!*

Es waren ungefähr dreißig Jahre seit damals vergangen, doch ich hatte diesen Vorfall nie vergessen können. Der Umschlag ließ mir einfach keine Ruhe. Vorsichtig durchsuchte ich die restlichen Schränke meines Vaters. Endlich entdeckte ich einen dicken Hefter mit den Untersuchungsergebnissen auf dem Regal in seinem Schlafzimmer. Der graue Umschlag war jedoch nirgends zu finden.

Ich nahm die gesamte Dokumentation zum Chefarzt mit. Leider machte er mir keine Hoffnungen.

«Sie sind sich darüber im Klaren, dass die Lage ernst ist? Wie aus den Unterlagen hervorgeht, leidet Ihr Vater seit seiner Jugend an einer Herzkrankheit. Er hatte bereits einen Herz- und einen Lungeninfarkt sowie einen Schlaganfall. Jetzt haben wir den Biopsie-Bericht bekommen, und leider hat sich das Schlimmstmögliche bestätigt: Er hat Dickdarmkrebs. Die einzige Chance wäre eine Operation, aber Ihr Vater will uns keine Zustimmung dafür geben.»

«Ich versuche ihn zu überreden», versicherte ich, «allerdings bezweifle ich, dass es mir gelingen wird. Wenn mein Vater sich etwas in den Kopf gesetzt hat ...»

«Davon durfte ich mich schon überzeugen», bestätigte der Arzt.

«Das, was er in seinem Leben durchgemacht hat, hat ihn Entschlossenheit gelehrt, aber er ist ein Mensch mit einem wunderbaren Herzen.»

«Auch das habe ich bereits mitbekommen. Es fehlt nicht mehr viel, dann hat er mich mit seinem Gerede überzeugt, an Gott zu glauben!»

Auf dem Gesicht des Chefarztes war ein Lächeln zu sehen.

«Ja, es ist seine Leidenschaft und sein Lebensinhalt, von Jesus zu sprechen. Das ist offensichtlich auch in mir genetisch angelegt.»

«Haben Sie es auch die ganze Zeit mit Gott? Dann ist der Apfel nicht weit vom Stamm gefallen», lachte der Arzt. «Ja, mit den Genen hat man keine Chance. Wissenschaftler versuchen die ganze Zeit zu ergründen, inwieweit unsere Entwicklung von Genen beeinflusst wird und inwieweit von der Erziehung. Das ist auch unter medizinischem Gesichtspunkt eine interessante Frage.»

«Dazu kommen noch die Erziehung, das soziale Umfeld und der Einfluss von Gleichaltrigen. Aber über all dem wacht Gott, der die Macht hat, einen Menschen vollkommen zu verändern!»

«Sind Sie auch Geistlicher?»

Der Arzt schaute mich fragend an.

«Ja, seit über fünfundzwanzig Jahren», antwortete ich zustimmend.

«Ganz der Vater!»

Er schüttelte den Kopf.

Was sollte ich sagen? Dem konnte und wollte ich nicht widersprechen.

«Herein.» Der Chefarzt bat mich in sein Büro. «Bitte nehmen Sie Platz.»

Ich setzte mich auf den Stuhl gegenüber von seinem Schreibtisch. Vor ihm waren verschiedene Unterlagen ausgebreitet, die ich aus dem Augenwinkel als Untersuchungsergebnisse erkannte.

«Es tut mir sehr leid, aber wir konnten leider nichts mehr tun. Die Operation kam zu spät. Wir haben zahlreiche Metastasen entdeckt, unter anderem an der Wirbelsäule.»

Ich hätte gern andere Nachrichten von ihm gehört, doch ich hatte keinen Zweifel, dass das Personal mit allen Mitteln versucht hatte, meinen Vater zu retten.

«Danke, Herr Doktor. Ich weiß, dass Sie alles in Ihrer Macht Stehende getan haben. Unser Schicksal liegt jedoch in der Hand eines Höheren.»

«Genau dasselbe hat Ihr Vater auch gesagt! Sie haben einen wunderbaren, weisen Vater. Ich selbst hatte leider keinen solchen ...», sagte der Arzt gedankenverloren.

«Ja, es ist ein außerordentliches Geschenk, in so eine Familie geboren zu werden. Nur schade, dass man das oft erst mit der Zeit zu schätzen lernt. Manchmal ist es dann schon zu spät, um den Eltern dafür zu danken. Ich bin froh, dass es mir noch gelungen ist. Meine Mutter lebt zwar seit vielen Jahren nicht mehr, aber mein Vater hat mit seinen zweiundachtzig Jahren ein schönes Alter erreicht.»

«Das würde ich mir selbst auch wünschen. Wie hat Ihr Vater doch gesagt? Er hat es so poetisch ausgedrückt, dass er ‹seiner Tage satt› sei.»

«Das kommt aus der Bibel.»

«Ich sehe an seinem Beispiel, dass ein so tiefer Glaube dabei hilft, eine Krankheit durchzustehen und das anzunehmen, was unvermeidlich auf jeden von uns wartet ...»

«Sie haben Recht, der Glaube hilft zu leben genauso wie zu sterben. Die Leute verbannen den Tod oft aus ihrem Bewusstsein, und das Reden darüber wird als taktlos betrachtet, aber das liegt einfach daran, dass sie Angst vor dem Sterben haben.»

«Fürchten Sie sich denn nicht vor dem Tod?»

«Ich sage nicht, dass mich der Gedanke daran völlig unberührt lässt, aber dank des Glaubens an Jesus muss ich keine Angst davor haben. Gläubige sagen nicht ‹Leb wohl!›, sondern ‹Wir sehen uns in der anderen Welt!›, wenn sie sterben.

«Ich beneide Sie um diesen Glauben, aber ganz besonders um einen so liebevollen Vater.»

«Herr Doktor», ich lächelte, «jetzt haben Sie wie der Apostel Paulus gesprochen, der betonte, dass uns Glaube, Hoffnung und Liebe bleiben. Aber die Liebe sei die größte von ihnen. – Mein Vater ist für mich der Inbegriff von Gottes Liebe, die wir mit unserem Verstand nicht erfassen können. Ich wünsche Ihnen, dass auch Sie sich Gott anvertrauen und diese Liebe erleben.»

Teil 4:
Heute

Einschneidende Gedanken vor dem 50. Geburtstag

Vor zwei Wochen hatte die Beerdigung meines Vaters stattgefunden. Die Tatsache, dass er von uns gegangen war, begann erst jetzt wirklich zu mir durchzudringen. Es fiel mir schwer zu akzeptieren, dass er nicht mehr da war, ich ihn niemals mehr um Rat fragen oder seine Ermutigungen hören konnte ...

Ich hatte keinen Zweifel daran, dass er nun an dem Ort war, auf den er sich seit dem Moment gefreut hatte, als er sein Leben mit Gott begann. Dennoch wurde meine Sehnsucht nach ihm mit jedem Tag größer.

Es war mir nicht viel von ihm geblieben: einige Möbel, ein paar bescheidene Alltagsgegenstände, verschiedene Bücher und persönliche Unterlagen.

In einem Monat würde ich meinen fünfzigsten Geburtstag feiern. Das war ein Alter, in dem man sich immer häufiger Gedanken über seine Herkunft und die Familiengeschichte machte, deshalb war das Durchsehen der Sachen meines Vaters sehr wichtig für mich.

«Ania, ich habe mir überlegt, dass ich ab morgen einige Tage Urlaub nehme und anfange, die Dinge in Papas Büro zu sortieren», sagte ich beim Frühstück.

«Gute Idee. Mach du Ordnung mit den Papieren und Büchern, dann kümmere ich mich um den Rest. Ich werde die Jungs um Hilfe bitten, dann geht es schneller. So viel ist es ja schließlich auch nicht. Ich habe schon eine Idee, wem wir die Kleidung geben könnten. Außerdem habe ich auch mit einem jungen Ehepaar gesprochen, das vor kurzem hergezogen ist. Sie nehmen gern ein paar Kleinigkeiten.»

Du wirst um einiges mehr an Arbeit haben, darum beneide ich dich nicht. Es kostet immer sehr viel Zeit, Papiere durchzusehen und zu entscheiden, was aufgehoben werden muss und was weggeworfen werden kann. Wenn ich alte Schulunterlagen von mir sortiert habe, kam mir manchmal der Gedanke, am besten gleich alles wegzuwerfen ...»

«Nein, das kann ich nicht machen. Es wäre schade, wenn etwas Wichtiges verloren gehen würde», sagte ich entschieden.

Am nächsten Tag machte ich mich an die Arbeit. Ich war zum letzten Mal in Papas Büro gewesen, als ich die medizinischen Untersuchungsergebnisse für ihn geholt hatte.

Schon nach einigen Stunden wurde mir bewusst, dass tatsächlich eine ganze Menge Arbeit vor mir lag. Es ging nur langsam voran, weil ich mir jedes Dokument genau ansah, Seite für Seite.

Der Papierhaufen schien nicht kleiner zu werden. Die ältesten Unterlagen sortierte ich chronologisch und heftete sie in einer Mappe ab. Die erste betitelte ich mit «Familiengeschichte», denn darin befanden sich vereinzelte Dokumente aus der Zeit vor den politischen Wirrnissen und während des Kriegs. So gut wie jedes Blatt weckte Gefühle in mir, und ich bedauerte es, meinen Vater nicht konkreter nach seinen Kindheits- und Jugenderlebnissen gefragt zu haben.

Unter den Postkarten fand ich eine alte, abgegriffene Ansichtskarte, die den Wochenmarkt in Kobryn zeigte, der Heimatstadt meines Vaters. Auf dem überfüllten Platz befanden sich dicht zusammengedrängt Pferde, Wagen und Unmengen von Menschen. Papa hatte manchmal erzählt, dass die Lebensbedingungen in dieser Stadt mit ihren zehntausend Einwohnern nicht leicht waren und ihn geprägt haben.

Oft hatte er die Landschaft Polesien als außergewöhnlich reizvoll dargestellt, und in meiner kindlichen Vorstellung hatte es dort wie im Märchen ausgesehen: undurchdringliche

Wälder, in denen die unterschiedlichsten Wildtiere lebten und Pilze und Beeren zu finden waren, unzugängliche Moore und Sümpfe voller interessanter Vogelarten sowie kristallklare Flüsse und Seen.

Fischer und Angler hatten hier laut Papa jede Menge zu tun gehabt. «Das Gebiet war feucht und morastig, überall blühten Sumpfdotterblumen und Lilien, und auf so gut wie jedem Hof hatten Störche ein Nest. Nur die Wölfe und Mücken haben den Menschen dort übel mitgespielt. Ansonsten war es das reine Paradies.»

Leider wurden nach dem Zweiten Weltkrieg drastische Veränderungen auf der Landkarte vorgenommen, und das Gebiet von Polesien wurde Teil der UdSSR[8]. Diejenigen, die noch einmal dorthin fuhren, berichteten, dass nichts vom früheren Polesien übriggeblieben sei.

Die Russen hatten die Wiesen trockengelegt, wodurch der Boden sandig und wenig fruchtbar geworden war. Außerdem hatten sie die Wälder abgeholzt, Denkmäler zerstört und polnische Staatssymbole entfernt. Dafür waren große Wohnsiedlungen und Industriebetriebe entstanden, die die Umwelt verschmutzten. Gut, dass Papa das nicht mehr gesehen hatte.

Ich betrachtete das Bild auf der Ansichtskarte eingehender. Auf die Rückseite hatte jemand «30er Jahre» geschrieben. Ich begann mich daran zu erinnern, was mein Vater über Kobryn und das Leben in dieser Stadt erzählt hatte. Gerade in dieser Zeit hatte er seinen Heimatort verlassen, weil er dort als Andersgläubiger mit Schikanen konfrontiert wurde. Davor bewahrte ihn auch nicht die Tatsache, dass

---

[8]Abkürzung des amtlichen Namens der Sowjetunion (Union der Sozialistischen Sowjetrepubliken, 1922–1991)

Kobryn als Kreisstadt vielen Nationalitäten und Religionen ein Zuhause bot. Hier lebten polnische Katholiken neben Juden wie auch Weißrussen und Russen, die hauptsächlich russisch-orthodox waren.

Da Papa und sein älterer Bruder Andrzej weder in die orthodoxe noch in die katholische Kirche gingen, sondern die Gottesdienste der neu entstandenen evangelischen Gemeinde besuchten, wurden sie verspottet. Immer wieder wurde ihr Versammlungsort mit Steinen beworfen. Papa wäre um ein Haar von der Schule geflogen, wenn sich nicht einige Lehrerinnen für ihn eingesetzt hätten. Obwohl er die Schule mit einer Auszeichnung verließ, fand er nirgends einen Arbeitsplatz.

Drei Jahre vor Ausbruch des Zweiten Weltkriegs entdeckte er in einer Zeitung eine Anzeige, dass eine Fabrik in Oberschlesien einen Mitarbeiter mit seiner Qualifikation suchte. Er wandte sich an die angegebene Adresse und bekam die Stelle. Ein Jahr später kam meine Mutter hinterher, mit der er seit drei Jahren verheiratet war.

Papa arbeitete in der Fabrik, aber seine Leidenschaft war die Gemeinde. Leider brach zwei Jahre später der Krieg aus, den, wie meine Eltern betonten, niemand erwartet hatte. Alle gerieten in Panik, und schon am ersten September verließen viele Arbeiter fluchtartig die Fabrik. Einige Tage später liefen auch die Eigentümer weg, und der Fabrikbetrieb wurde eingestellt.

Überall wurde dazu aufgerufen, vor der deutschen Invasion in den Osten zu fliehen, wohin sich auch die polnische Armee zurückgezogen hatte und wo sie tausende Flüchtlinge aus West- und Mittelpolen beschützte.

Was für ein Paradox! Wer hätte geahnt, dass Polen nur wenige Tage später auch von dieser Seite aus angegriffen werden würde? Tausende russische Soldaten brachen den polnisch-sowjetischen Nichtangriffspakt und überschritten die Grenze nach Polen. Die Polen saßen in der Falle. Es war in Kobryn, wo die polnische Armee zusammen mit freiwilligen Kämpfern den einrückenden Panzern aus dem Osten Widerstand leistete.

Damit begann der dramatische Zeitabschnitt, in dem sowohl unter den polnischen Soldaten als auch unter Zivilisten unzählige Opfer zu beklagen waren. Auch meine Eltern machten sich auf den Weg in ihre Heimatstadt, mussten dabei allerdings vierhundert Kilometer zu Fuß zurücklegen, während ringsherum unablässig Schüsse und explodierende Bomben zu hören waren.

Als sie endlich in Kobryn eintrafen, dauerte die russische Invasion aus dem Osten bereits seit drei Tagen an. Sie waren schockiert und wussten nicht, wohin sie gehen sollten. Papa begann in einer Schule zu arbeiten, dann in einer Fabrik. Doch sie lebten in ständiger Angst, von allen Seiten drohten Raubüberfälle, und es kreisten Gerüchte, dass polnische Soldaten, Polizisten und Zivilisten ermordet wurden.

Eines Tages warnte ein Arbeitskollege Papa, weil er außergewöhnlich viel Verkehr bemerkt hatte. Er rief ihn ins Warenlager und sagte flüsternd:

«Es sind Unmengen von Pferdefuhrwerken unterwegs, sie werden wahrscheinlich die Nächsten holen...»

Die Leute erzählten schon seit längerer Zeit von schrecklichen Durchsuchungen durch das Volkskommissariat des Innern, von Eigentumsbeschlagnahmungen und der Aussiedlung von Menschen.

«Sonia, wahrscheinlich werden sie heute Nacht wieder Leute abtransportieren», sagte er nach der Arbeit zu meiner Mutter. «Es heißt, dass Frauen relativ sicher sind, aber ich muss irgendwo untertauchen ...»

Papa sah sich unruhig um.

«Wo willst du denn hin?»

«Ich habe mir überlegt, mich in einem Holzschuppen zu verstecken.»

«Es ist erst Mitte April, und die Nächte sind noch sehr kalt», entgegnete Mama erschrocken.

«Mach dir keine Sorgen, Gott wird mich beschützen. Bereite mir nur eine Flasche mit heißem Tee vor.»

In dieser Zeit beschloss Papa entgegen aller Warnungen und trotz des großen Risikos, dass er mit Mama nach Oberschlesien zurückkehren würde. Er wusste damals noch nicht, dass ihnen diese Entscheidung das Leben retten würde.

Ein halbes Jahr später begannen die entsetzlichen Deportationen von Polen in das Landesinnere von Russland. Auch die gesamte Familie meiner Mutter wurde in Viehwaggons nach Sibirien abtransportiert, weil einer ihrer Brüder in einer patriotischen Jugendorganisation engagiert war, die Anhänger von Piłsudski[9] waren, einem polnischen Politiker, der gegen die russische Herrschaft gekämpft hatte.

Die Reise meiner Eltern nach Oberschlesien, das inzwischen dem Dritten Reich angegliedert worden war, gestaltete sich außerordentlich gefährlich. Gott sei Dank kamen sie nach einem Monat wohlbehalten am Ziel an, es war genau der 10. Mai.

Ich habe mir dieses Datum gemerkt, weil ich vier Jahre später das Licht der Welt erblickte. Leider war ihre Wohnung inzwischen von Deutschen besetzt worden, doch eine Freundin aus der Gemeinde nahm sie vorübergehend bei

---

[9] Józef Klemens Piłsudski (05.12.1867–12.05.1935), ein polnischer Militär und Politiker, der gegen die russische Herrschaft kämpfte, und später Marschall der Zweiten Polnischen Republik, die er von 1926 bis zu seinem Tod 1935 de facto diktatorisch regierte.

sich auf. Die Situation stabilisierte sich ein wenig, dennoch befanden sie sich unablässig in Gefahr. In der Stadt entstand ein Ghetto, in das die Juden gebracht wurden, wobei die Mehrheit der Bevölkerung am Anfang nichts davon wusste oder nichts wissen wollte.

Papa sollte zum Arbeitsdienst nach Deutschland geschickt werden. Er stand sogar schon in der Schlange vor dem sogenannten «Arbeitsamt», aber als er an der Reihe war, sagten sie ihm, er solle am nächsten Tag wiederkommen. Mama erzählte er nichts davon, damit sie sich keine Sorgen machte. Er selbst betete jedoch fast die ganze Nacht hindurch.

Am folgenden Tag brauchte man in der Papierfabrik einen Techniker, und mein Vater wurde sofort eingestellt.

«Das war ein echtes Wunder! Ich bin nicht in der Lage zu zählen, wie oft Gott uns auf übernatürliche Weise gerettet hat», betonte er immer wieder. «Vor der Deportation nach Sibirien und vor der Zwangsarbeit in Deutschland hat er uns gerettet, genauso wie er später, nach dem Krieg, während der Haft bei mir war.»

Mein Vater hatte das polnische Gymnasium abgeschlossen und war in der Wertschätzung gegenüber Polen und Mickiewicz[10] aufgewachsen, dessen Denkmal auch in seiner Heimatstadt gestanden hatte. Deshalb weigerte er sich trotz Todesgefahr, während des Kriegs die deutsche Sprache zu verwenden. Einmal hat er mir ausführlich von einem bestimmten Ereignis erzählt.

Solange noch kein amtliches Verbot verhängt worden war und man offiziell Polnisch sprechen durfte, trafen sich die Gemeindemitglieder jeden Sonntag. Bis zu dem Moment, als beim Neujahrsgottesdienst 1941 zwei deutsche Polizisten

[10] Adam Bernard Mickiewicz (24.12.1798–26.11.1855), polnischer Nationaldichter

auftauchten. Nach dem Treffen gaben sie bekannt, dass dies das letzte Mal gewesen sei und ab sofort das Verbot herrsche, Gottesdienste in Polnisch abzuhalten.

Von diesem Tag an traf sich die kleine Gemeinde im Geheimen. Damit die Deutschen es nicht mitbekamen, fanden die Gottesdienste einmal im Monat in der Wohnung meiner Eltern statt und an den restlichen Sonntagen bei anderen Familien.

Ich fragte mich, ob ich selbst so viel Mut aufgebracht hätte wie mein Vater. Und das umso mehr, nachdem ich geboren worden war und Papa wusste, dass er das Leben seiner ganzen Familie aufs Spiel setzte.

Ich nahm mir den nächsten Hefter vor. Aus einem der Umschläge zog ich drei karierte Blätter, die aus einem Heft herausgerissen worden waren. Ich überflog sie kurz. Es war ein Brief von vor drei Jahren. Die Unterschrift konnte ich nicht entziffern.

Habe ich ein Recht, das zu lesen oder nicht?, fragte ich mich. *Wenn Papa noch am Leben wäre, würde ich es nicht tun.*

Jetzt war es wahrscheinlich in Ordnung. Die Schrift war unleserlich, wie mit zitternder Hand geschrieben, und ich musste mir die Bedeutung einzelner Wörter selbst zusammenreimen:

«Lieber Piotr, ich bin inzwischen zu krank, um Dich zu besuchen, aber vor meinem Tod möchte ich noch einige Informationen mit Dir teilen, an die ich herangekommen bin. Durch meine wissenschaftliche Arbeit hatte ich in den vergangenen Jahren Einblick in geheime Dokumente, die unsere Inhaftierung betreffen. So wie wir angenommen hatten, war alles eine Provokation, die vom Ministerium für Öffentliche Sicherheit organisiert worden war.»

Ich erinnerte mich an das Gespräch von Onkel Andrzej mit meinen Eltern und an spätere Erzählungen.

«Wir wussten natürlich, dass das eigentliche Ziel dieser Aktivitäten die Schwächung der Kirche war, insbesondere des Protestantismus», las ich weiter. «Aus den genannten Dokumenten geht hervor, dass uns vorgeworfen wurde, Kontakt zu Einsatzzentren in den USA und Schweden aufgenommen zu haben. Wir wurden als ‹Spione des englisch-amerikanischen Imperialismus› betrachtet.

Die Anklagen stützten sich auf Informationen des Amtes für Staatssicherheit sowie, was am schmerzhaftesten ist, auf Aussagen von B. S., den wir 1947 aus unserer Kirche ausgeschlossen hatten. Wir konnten uns schon damals denken, wem er sich zum Dienst verschrieben hatte. Er ist Gott untreu geworden und hat in seinen Aussagen unter anderem Andrzej unterstellt, das Evangelium verdreht zu haben und einer antisowjetischen Spionagetätigkeit nachzugehen.

Mein lieber Freund, obwohl es mir nicht leicht gefallen ist, vergebe ich ihm im Namen des Erretters. Wie ich Dich kenne, wirst auch Du ihm seine Schuld vergeben, dessen bin ich mir gewiss. Er wird sich selbst vor Gott dafür verantworten müssen, der versichert: ‹Mein ist die Rache und das Vergelten.› Ich persönlich habe nie zuvor eine solche Nähe zu Gott empfunden wie während der Haft. Und wie der alttestamentliche Josef darf ich bekennen: ‹Ihr hattet zwar Böses mit mir vor, aber Gott hat es zum Guten gewendet.›

Aus den Dokumenten wird deutlich, dass das Sicherheitsamt einen Schauprozess durchführen wollte, ähnlich dem, der drei Jahre zuvor in Bulgarien stattgefunden hatte. Doch keiner von unseren Geistlichen hat trotz der schrecklichen Folterungen und Einschüchterungen (Andrzej ist im Gefängnis durch die Hölle gegangen!) den Vorwürfen zugestimmt oder falsche Eingeständnisse unterschrieben.

Gott hat ein weiteres Mal sein Versprechen eingehalten, dass wir, selbst wenn wir durchs Feuer gehen, nicht verbrennen werden, und wenn wir durchs Wasser gehen, nicht untergehen werden.

Mit brüderlichen Grüßen, auf Wiedersehen, wenn nicht mehr hier, dann im Haus des Vaters.»

Leider konnte ich die Unterschrift nicht lesen, doch ich hatte den Eindruck, die Schrift zu kennen. Offensichtlich war der Absender Papa sehr vertraut. Ich konnte höchstens vage vermuten, wer es war.

Ich faltete den Brief zusammen und legte ihn in den Hefter mit der Korrespondenz meines Vaters. Ich wollte ihn Ania und unseren Söhnen zeigen und ihn anschließend dem Gemeindearchiv übergeben, als Zeugnis dafür, wie man selbst die furchtbarsten Verbrechen und Verrat vergeben konnte. Das Schlimmste daran war, dass es durch einen nahestehenden Menschen geschehen war, dem man vertraut hatte. Dieser Brief bewies, dass auch die geheimsten Dinge irgendwann ans Licht kommen. Selbst wenn man andere belügen konnte, war es nicht möglich, auch nur die kleinste Sache vor Gott zu verbergen.

Papa hatte ähnlich wie der Autor des Briefes immer wieder betont, dass er im Gefängnis Gottes Fürsorge und Schutz in übernatürlicher Weise erlebt habe. Ich erinnere mich an seine Worte:

«Nichts passiert ohne Grund. Gott hat mit allem ein Ziel. Mit dem Propheten Daniel sage ich, dass Gott uns aus dem Feuerofen retten kann, aber selbst wenn er das nicht tut, werde ich ihm treu bleiben ...»

Ach, Papa ... du warst wirklich ein außergewöhnlicher Mensch ...

«Wie kommst du voran?», fragte Ania, als sie mir einen Tee brachte. «Hast du etwas Interessantes gefunden?»

«Sieh dir diesen Brief an ...»

Ich reichte ihr die gerade gelesenen Seiten. Sie setzte sich und begann zu lesen.

«Was für schreckliche Zeiten! Ich kann nicht verstehen, warum man sie so behandelt hat!»

«Ja, man kann das einfach nicht fassen. Durch Papas Krankheit hatte ich völlig vergessen, dir zu erzählen, was ich erfahren habe, als ich das letzte Mal in Warschau war. Jetzt kommen viele Dinge aus der Geschichte der Kirche ans Licht. Für die Inhaftierung von Onkel Andrzej und anderen Geistlichen aus Warschau war der für seine Grausamkeit berühmte Oberstleutnant Światło verantwortlich. Die Jahre des stalinistischen Terrors waren fürchterlich, und keiner wusste, ob er lebend aus dem Gefängnis herauskommen würde. Ich bewundere sie dafür, dass sie nicht aufgegeben haben.»

«Es ist kaum zu glauben, dass sich das alles in einem theoretisch freien Land abgespielt hat. Erinnerst du dich an etwas aus dieser Zeit?»

«Ich bin damals gerade in die Schule gekommen, und einige Tage nach Beginn der ersten Klasse musste mein Vater zur Kur nach Kudowa Zdroj fahren. Er kam erst ein halbes Jahr später von dort zurück. Ich habe noch einige Jahre daran geglaubt, dass er tatsächlich wegen seiner Gesundheit so lange weggewesen war, doch später habe ich die Wahrheit erfahren.

Mama wusste am Anfang selbst nicht, dass Papa zusammen mit anderen Geistlichen inhaftiert worden war. Mir sagte sie von allem kein Wort, obwohl ich sie immer wieder dazu überredete, mit mir zum Bahnhof zu gehen und zu schauen, ob Papa ankommen würde. Wir hielten immer zusammen nach den aussteigenden Passagieren Ausschau, und sie tröstete mich jedes Mal mit den Worten: «Offensichtlich ist Papa noch nicht wieder ganz gesund, und der Doktor will ihn noch dabehalten.»

Ich kann mir vorstellen, was es sie gekostet haben muss, sich diese Erklärungen einfallen zu lassen.

Vor Weihnachten haben wir ein Päckchen mit Lebensmitteln für Papa gepackt, und ich dachte natürlich, dass wir es ins Sanatorium schicken. Mama hat warme Sachen und einen großen Laib Brot hineingetan, was damals eine Rarität war, weil es so gut wie nichts in den Läden gab. Und dieses Paket kam nach ungefähr einem Monat zurück ... Bis heute habe ich das verschimmelte Brot vor Augen, das wir nach dem Öffnen entdeckten ...

Die Wahrheit erfuhr ich drei oder vier Jahre später, als ich ein Gespräch von Onkel Andrzej mit meinen Eltern mitbekam. Als ich älter war, erzählte Papa mir, dass ihm vorgeworfen worden war, amerikanischer Spion zu sein, und er deshalb inhaftiert wurde. Er war zuerst im Gefängnis von Kudowa und wurde später nach Kattowitz verlegt. Nach ungefähr einem halben Jahr wurde das Verfahren gegen ihn überraschend eingestellt.

‹Auch in schweren Zeiten vergisst Gott seine Leute nicht›, sagte Papa oft.

Das Erste, was er in seiner Zelle entdeckte, waren drei Wörter, die von einem seiner Vorgänger in die Wand geritzt worden waren: ‹Vertrau auf Gott›. Ein anderes Mal, als er im Gefängnis in Kattowitz war und dachte, der einzige Christ zu sein, hörte er, wie jemand in der Nachbarzelle die Melodie des Liedes pfiff: ‹Fürchte dich nicht länger, denn ich, der Herr, bin bei dir›. Er sagte, dass es schwer zu beschreiben sei, was einen Moment später in diesem Gefängnis los war, als plötzlich alle dort inhaftierten Gläubigen anfingen, dieses Lied zu singen. Die Bediensteten wären laut Papa ‹fast verrückt geworden›.»

«Mir läuft ein Schauer über den Rücken, wenn ich mir das vorstelle! Dein Vater hat Schreckliches durchgemacht, aber für deine Mutter muss es auch sehr schwer gewesen sein! Gott sei Dank, dass sie daran nicht zerbrochen ist.»

«Das stimmt! Du hast bestimmt gehört, wie Papa manchmal ‹Chefin› zu Mama gesagt hat, oder?», fragte ich lächelnd.

«Ja, ja.» Ania lachte. «Manchmal, wenn er sich an irgendeine Arbeit gemacht hat, murmelte er in seinen Bart: ‹Da hilft alles nichts, die Chefin hat es so befohlen.›»

«Weißt du, wo das herkam?»

«Ich habe keine Ahnung.»

«Das haben sich die Mitarbeiter vom Sicherheitsamt ausgedacht. Sie sagten: ‹Wir haben den Chef inhaftiert, aber es gibt noch die Chefin.› Während Papas Abwesenheit war Mama für die meisten Dinge verantwortlich, die mit der Leitung der Gemeinde zusammenhingen. Sie hat das großartig gemeistert und ist immer voller Hoffnung geblieben, obwohl sie keinerlei Garantie hatte, dass Papa jemals zurückkehren würde. Papa hat später immer wieder voller Stolz davon erzählt, dass es in dieser Zeit in vielen evangelischen Kirchen keine Gottesdienste gab, während sie bei uns weiter stattgefunden haben. Das war Mamas Verdienst.»

«Die Bibel hat Recht: ‹Eine tüchtige Frau, wer findet sie? Sie ist weit mehr wert als die kostbarsten Perlen› ... So, jetzt störe ich dich aber nicht länger. Vielleicht findest du noch mehr interessante Unterlagen. Da sind ja wirklich Unikate darunter, und wir müssen sie für unsere Kinder aufheben, damit sie die wahre Geschichte kennen lernen. Und für unsere Enkel, wenn wir irgendwann welche bekommen sollten», lachte sie, als sie aus dem Zimmer ging.

Nach einigen Tagen des mühseligen Sortierens begann ich endlich Ergebnisse meiner Arbeit zu sehen. Die Schubfächer leerten sich allmählich, und die Stapel mit verschiedenen Büchern und Dokumenten wurden immer höher. Ich hatte sie eingeteilt in die, die der Familiensammlung hinzugefügt werden sollten, und in andere, die für das Gemeindearchiv vorgesehen waren – und drittens in die, die weggeworfen werden konnten.

Es waren nur noch einzelne Papiere übriggeblieben, doch tief im Inneren hoffte ich darauf, irgendwo noch den geheimnisvollen grauen Umschlag zu finden. Bisher war er mir nirgends begegnet. Hatte Papa ihn möglicherweise vernichtet? Nein, bestimmt nicht, aber wahrscheinlich hatten diese Dokumente tatsächlich jemand anderem gehört und Papa hatte sie längst dem eigentlichen Besitzer zurückgegeben.

Ich konnte mich noch daran erinnern, was Ania und Basia über ihre Adoption erzählt hatten ...

Die Tatsache, dass ich damals meinen Namen auf diesen Dokumenten gesehen hatte, ließ mir die ganze Zeit keine Ruhe. Ich rückte sogar alle Möbel zur Seite und schaute unter den Schränken nach, ob der Umschlag vielleicht dort zu finden war.

«Kaffeepause! Ich habe einen Kuchen gebacken», rief Ania aus dem Flur. «Deinen Lieblingskuchen! Komm, sonst wirst du noch komplett von Spinnennetzen eingewoben», lachte sie.

Als wir uns an den Küchentisch mit dem frischen Kuchen und den dampfenden Kaffeetassen gesetzt hatten, erzählte ich Ania von meiner insgeheimen Hoffnung.

«Weißt du, ich suche die ganze Zeit einen bestimmten Umschlag ... Er war mir kurz vor meinem Abitur zufällig in die Hände geraten. Es sind über dreißig Jahre seitdem vergangen, und ich kann nicht mehr sagen, was alles in diesem Umschlag war, aber ich erinnere mich auf alle Fälle daran, dass es Unterlagen über eine Adoption waren und dass mein Name darin aufgetaucht ist ...»

Ania schaute mich aufmerksam an und fragte schließlich: «Bist du dir sicher?»

«Ja, ziemlich. Ich habe es nur kurz gesehen, deshalb weiß ich es nicht zu hundert Prozent. Das ist schon so lange her ... aber auf alle Fälle konnte ich es einfach nicht glauben, als ich meinen Namen dort gesehen habe.»

«Hast du deine Eltern denn nicht danach gefragt?»

«Ich war zuerst so überrascht oder besser gesagt schockiert, dass ich keine Ahnung hatte, wie ich mich überhaupt verhalten sollte. Nach langem Zögern habe ich Papa schließlich gefragt. Ich weiß nicht mehr genau, wie ich es formuliert habe, aber ich erinnere mich noch an seine Antwort:

‹Welche Eltern sind wichtiger: die, die ein Kind zur Welt gebracht haben, oder die, die es großgezogen haben?›

Ich habe gesehen, dass ihm dieses Gespräch wehgetan hat. Er ist richtig blass geworden. Jetzt, wo ich selbst Vater bin, kann ich mir vorstellen, wie es ihn getroffen haben muss. Wenn unsere Jungs daran zweifeln würden, unsere Kinder zu sein, wären wir auch nicht gerade erfreut.»

«Du hast Recht, nur ...», Ania machte eine lange Pause, «ich habe auch irgendwann einmal Gerüchte darüber gehört, dass ...»

«Dass ich adoptiert wurde? Wirklich?! Davon hast du noch nie etwas gesagt!»

«Das ist schon sehr lange her. Du hast dieses Thema selbst niemals angesprochen, deshalb wollte ich auch nicht danach fragen. Ich dachte, dass es tatsächlich nur das Gerede von anderen war, weil du mir sonst etwas davon gesagt hättest. Einmal habe ich sogar deine Mutter darauf angesprochen ...»

«Du hast sie direkt gefragt?»

Ich konnte kaum glauben, was Ania mir da erzählte.

«Ja ... ich habe mich wahrscheinlich etwas ungeschickt verhalten ... Eines Abends saßen wir zusammen, Tante Hania war auch dabei, und irgendwie entwickelte sich das Gespräch so, dass ich sie danach gefragt habe.»

«Wie hat Mama reagiert?»

«Wenn du ihr Gesicht gesehen hättest! Sie und Tante Hania waren beide zu Tode erschrocken. Mama fragte, woher ich davon wisse, und hat mich eindringlich gebeten, dir gegenüber kein Wort darüber zu verlieren. Als ich ihre Reaktion sah, habe ich nicht weiter nachgefragt und mich bei ihr entschuldigt, wobei mir erst jetzt bewusst wird, dass sie es nicht abgestritten hat!»

«Von wem hattest du das denn gehört?»

«Ich weiß es nicht mehr genau. Irgendjemand hatte das mal in einem Gespräch erwähnt. Deine Eltern waren schließlich bekannt ... Aber die Leute erzählen die skurrilsten Dinge, und nach der Reaktion deiner Mutter war für mich klar, dass es sich nur um ein Gerücht gehandelt haben kann, über das sie sich ärgerte. Ich habe ihr versprochen, dass ich das Thema nicht mehr ansprechen werde.»

«Und du hast dein Versprechen gehalten ... So viele Jahre lang!»

«Ich musste das tun ...» Ania zuckte mit den Schultern. «Entschuldige ...»

«Ist schon gut, ich kann dich verstehen.» Ich wusste, dass Ania zutiefst loyal war. «Denkst du, das waren doch nicht nur Gerüchte? Ich erinnere mich, dass mich unsere Nachbarin in ihrer Wut einmal ‹Findling› genannt hat. Ich war damals noch klein.»

«Das könnte auch eine ganz normale Beleidigung gewesen sein, weil sie wütend war. Etwas, das sie einfach so gesagt hat, ohne weiter darüber nachzudenken. Solange du keine Beweise hast, brauchst du das nicht ernst zu nehmen.»

«Ja, das denke ich auch. Und selbst wenn ich etwas anderes in Erfahrung bringen sollte, hätte das keine größere Bedeutung. Was würde es in meinem Leben denn ändern?»

Nach insgesamt einer Woche war ich mit dem Durchsehen der Papiere meines Vaters zum Ende gekommen.

«Ich habe gestern mit Józek gesprochen. Er hätte im nächsten Monat noch eine freie Woche und könnte die Wohnung von deinen Eltern streichen», erzählte mir Ania, als sie ins Büro kam.

Józek hatte goldene Hände, deshalb grenzte es an ein Wunder, dass er so schnell Zeit haben würde.

«Dann müssen wir bis dahin hier fertig werden. Was machen wir denn mit den Bildern?», fragte ich und zeigte an die Wand. «Dieses Frühlingsbild ist nicht schlecht. Was meinst du, würde es in unser Gästezimmer passen?»

«Ja, ich würde es über dem Tisch aufhängen. Mir gefällt auch das Porträt von deinem Vater. Das könnten wir aus dem Rahmen nehmen und ins Fotoalbum kleben, oder?»

«Das habe ich mir auch schon überlegt.»

Wer sind meine wirklichen Eltern?

An diesem Abend brachte ich einige Tüten voller alter Rechnungen und Zeitungen auf den Müll, danach wollte ich noch die Bilderrahmen von der Wand nehmen. Ich begann mit Papas Porträt.

Ich drehte den Bilderrahmen um. Vorsichtig bog ich die kleinen Nägel zurück, die den Rahmeninhalt an Ort und Stelle hielten. Dann hob ich das dünne Schutzbrettchen und die darunterliegende Pappe an, als plötzlich ... ein ausgeblichener Umschlag zum Vorschein kam!

Ich nahm ihn in die Hand und setzte mich erst einmal. Hier hatte Papa ihn also versteckt?! Den grauen Umschlag, den ich dreißig Jahre lang nicht aus meinem Gedächtnis bekommen konnte!

Ich atmete tief durch und schaute den Umschlag einige Minuten einfach nur an, ohne ihn zu öffnen. Was steckte wirklich darin? Es konnten keine unbedeutenden Informationen sein, sonst wären sie nicht so sorgfältig versteckt worden. Handelte es sich um etwas, das mein Leben auf den Kopf stellen würde?

Ich schluckte und spürte, wie mein Herz immer schneller schlug.

Langsam zog ich den Inhalt heraus und breitete ihn vor mir aus. Ich nahm mir ein Dokument nach dem anderen zur Hand. Das Papier war leicht vergilbt, aber es war alles gut lesbar.

«Antrag an das Schulaufsichtsamt auf Genehmigung einer Adoption» – unterschrieben von meinem Vater. «Bescheinigung von der Arbeitsstätte» – für meinen Vater. Ich hatte mich also nicht getäuscht ... «Sittlichkeitszeugnis» von der Kirche, ausgestellt auf Papas Namen.

Einen Moment lang hielt ich inne, bevor ich mir das nächste Blatt ansah:

«Bescheinigung der ‹Mutter-Eva-Fürsorge- und Erziehungsanstalt› in Miechowitz über die Übergabe eines Kindes.»

Ich merkte, wie mir schwindelig wurde, und schloss die Augen. Als ich die gerichtlichen Unterlagen über meine Geburt und die Änderung meines Vor- und Zunamens in den Händen hielt, hatte ich keine Zweifel mehr. Alles schien ein in sich stimmiges Ganzes zu ergeben.

Gott, ist das wirklich wahr? Waren meine Eltern gar nicht meine Eltern?

Mein Herz schlug wie verrückt.

Es stimmte also tatsächlich ...

Ich legte alle Dokumente nebeneinander auf den Schreibtisch und starrte sie ungläubig an. Es kam mir vor, als würde meine Welt plötzlich in Trümmern liegen. Ich hatte in Wirklichkeit einen anderen Namen, meine Eltern waren jemand anderes ... Wer war ich eigentlich?

«Ania! Ania!», versuchte ich zu rufen, aber meine Stimme versagte, und die Worte waren nur ein Flüstern.

In meinem Inneren hörte ich immer lauter eine Frage:

Wer sind meine wirklichen Eltern?

Wie eine Lawine schossen mir weitere Fragen in den Kopf: Warum haben sie mich zur Adoption freigegeben? Leben sie noch? Wie bin ich ins Kinderheim gekommen? War ich das uneheliche Kind einer Jugendlichen? Das Ergebnis einer Vergewaltigung? Eine Kriegswaise? Der Sohn einer kinderreichen mittellosen Familie, die mich nicht mehr hätte versorgen können?

Ich saß wie betäubt auf meinem Stuhl, wobei das, was ich soeben erfahren hatte, noch nicht wirklich vollständig zu mir durchgedrungen war. Nach einer längeren Weile raffte ich mich auf, um in unsere Wohnung zu gehen.

«Ania», sagte ich mit zitternder Stimme und lehnte mich an den Türrahmen.

«Was ist passiert?»

Sie sah mich beunruhigt an und legte das Bügeleisen zur Seite.

«Geht es dir nicht gut? Du bist schrecklich blass ...»

«Es ist wahr.»

«Was ...?»

«Ich habe den Umschlag gefunden.»

Ich reichte ihr die Unterlagen und ließ mich in den Sessel fallen. Ich zwinkerte einige Male, um die Tränen zu vertreiben, die sich unter meinen Lidern sammelten.

Aufmerksam schaute sich Ania ein Dokument nach dem anderen an, zunächst ohne ein Wort zu sagen. Das Ticken der alten Wanduhr war das Einzige, was zu hören war. Ich beobachtete jedoch, wie sich ihr Gesichtsausdruck veränderte. Sie war offensichtlich nicht weniger überrascht als ich.

«Du hattest in Wirklichkeit den Namen ... Hans», sagte sie mit ernster Miene und setzte sich auf den Sessel mir gegenüber. «Deine Eltern waren Deutsche.»

Ich nickte.

Ich bin Deutscher, wiederholte ich in Gedanken.

Diese Tatsache konnte ich nach wie vor nicht begreifen.

«Du wurdest aus dem Kinderheim in Miechowitz geholt ... ich habe viel von ihm gehört ...», kommentierte sie das nächste Dokument.

«Ich auch. Einmal war ich sogar dort, aber mir wäre nicht im Traum in den Sinn gekommen, dass ...»

Wir sahen uns lange an.

«War noch etwas in dem Umschlag?», fragte Ania. Erst jetzt bemerkte ich, dass ich ihn noch immer in den Händen hielt.

«Ja, aber in Deutsch. Es ist wahrscheinlich ein Brief, der im Oktober 1948 geschrieben wurde. Er beginnt mit ‹Sehr geehrter Herr Direktor›.»

Ich zog ihn heraus und reichte Ania das ausgeblichene Blatt.

«Verstehst du etwas davon?», wollte sie wissen. Leider konnten wir beide kein Deutsch.

«Nein, nicht wirklich. Er ist an den Leiter des Kinderheims in Miechowitz adressiert und von einer Frau namens Elisabeth unterschrieben. Das ist wahrscheinlich der Name der Frau, die ... mich geboren hat.»

Ich brachte die Worte nur mit Mühe heraus.

«Hier ist das Wort ‹Kopie›, es ist also eine Abschrift. Sieh mal die Notiz hier unten.» Ich zeigte mit dem Finger darauf. «Wahrscheinlich geht es um Ihren Sohn. Der Brief wird mit dem Ziel an Sie weitergeleitet, Kontakt zwischen den Familien herzustellen.»

«Es würde mich interessieren, ob sich deine Eltern tatsächlich mit dieser Frau in Verbindung gesetzt haben. Ich könnte meine Kollegin bitten, die Deutsch unterrichtet, dass sie mir den Brief übersetzt», bot Ania an.

«In Ordnung.» Ich stimmte zu, hatte jedoch weiterhin das Gefühl, dass das Ganze jemand völlig anderen betraf. «Aber sag ihr nicht, um wen es in diesem Brief geht.»

Als ich auf den Kalender schaute, zeigte er den 1. April. Allerdings war das, was ich an diesem Tag herausgefunden hatte, alles andere als ein Aprilscherz. In dieser Nacht konnte ich fast kein Auge zutun.

Noch kurz zuvor hatte ich gedacht, dass sich, selbst wenn ich in Erfahrung bringen sollte, dass ich adoptiert wurde, dadurch nicht viel in meinem Leben ändern würde. Schließlich war ich erwachsen, und es zählte, wer ich war, an was ich glaubte, was ich tat, wohin ich ging, und nicht, woher ich kam.

Jetzt stellte ich fest, dass ich mich getäuscht hatte. Plötzlich konnte ich nicht mehr aufhören, über meine Identität nachzudenken. Im Alter von fünfzig Jahren musste ich der Tatsache ins Auge blicken, dass sich viele Fakten meiner Biografie als Täuschung herausstellten.

Ich war nicht der, für den ich mich mein Leben lang gehalten hatte, und meine Eltern waren nicht meine Eltern. Wie war das möglich?! Warum hatte mir niemand etwas davon gesagt?

Ich versuchte, mich an alle Personen aus meinem Umfeld zu erinnern, von denen ich wusste, dass sie adoptiert worden waren: Basia und Adam, ein Klassenkamerad. Dann Bogdan, der Sohn von Bekannten, der um einiges jünger war als ich, und Inka. Ihre Geschichte war mir besonders nahegegangen. Sie hatte sie während einer Jugendfreizeit erzählt, bei der ich Mitarbeiter gewesen war.

Inka war neun Jahre nach dem Krieg zur Welt gekommen. Als sie einige Monate alt war, starb ihr Vater, und kurz darauf erkrankte ihre Mutter schwer. Die Ärzte machten ihr damals keinerlei Hoffnungen und erklärten ihr, dass sie nur noch wenige Monate zu leben hätte.

Verwandte versprachen, sich um Inkas ältere Schwester zu kümmern, aber ihre Mutter wusste nicht, was sie mit Inka machen sollte, die zu diesem Zeitpunkt noch nicht einmal ein

Jahr alt war. Sie sah den einzigen Ausweg darin, ihre kleine Tochter in ein Heim zu geben, das von Nonnen geleitet wurde.

So machte sie sich schweren Herzens mit Inka im Kinderwagen auf den Weg zu diesem Heim. Da begegnete ihr eine entfernte Verwandte, die gerade vom Arzt erfahren hatte, dass sie niemals Kinder bekommen würde. Sie lief verzweifelt und weinend den Weg entlang und betete. – Es war eine wunderbare Fügung Gottes! Inka wurde adoptiert und wuchs in einer liebevollen Umgebung auf, ohne zu wissen, dass es nicht ihre leiblichen Eltern waren.

Das noch Außergewöhnlichere an dieser Geschichte ist allerdings, dass ihre biologische Mutter entgegen der ärztlichen Prognose wieder gesund wurde. Sie besuchte Inka hin und wieder, aber diese mochte ihre «Tante» gar nicht besonders. Als Jugendliche erfuhr Inka zufällig von ihrer Adoption, als sich eine andere Verwandte verplapperte.

In ihr begann ein Kampf – zunächst gegen ihre Adoptiveltern, später gegen alle ringsherum. Auch Gott machte sie Vorwürfe und versuchte sogar, sich das Leben zu nehmen. Sie wurde zwar gerettet, war jedoch weiterhin zutiefst unglücklich und orientierungslos. Bis sie schließlich im Gespräch mit jemandem verstand, wie sehr Gott sie liebte.

Inka vertraute ihm ihr Leben an und empfand zum ersten Mal echtes Glück und eine große Freiheit. Dennoch hegte sie tief in ihrem Herzen noch Groll gegen ihre wirkliche Mutter, die sie zur Adoption freigegeben hatte.

Als sie ihr nach Jahren endlich vergeben konnte, kam es zu einem Durchbruch in Inkas Leben. Sie konnte von vorn beginnen und betrachtete ihre Adoption plötzlich als ein Wunder: «Gott selbst hat mich adoptiert», erklärte sie.

Ich erinnerte mich noch daran, wie sehr mich Inkas Geschichte berührt hatte, aber erst jetzt konnte ich verstehen, wie sie sich gefühlt haben musste ...

Warum hatten auch meine Eltern die Wahrheit vor mir verheimlicht? Werde ich das nie erfahren? Warum haben sie dieses Geheimnis mit ins Grab genommen? Warum hat Papa mir nicht die Wahrheit gesagt, als ich ihn damals danach gefragt habe?

Papa, warum hast du es mir nicht erzählt?, rang ich verzweifelt in meinen Gedanken.

Gleichzeitig wusste ich, dass ich niemals eine Antwort bekommen würde.

Hattest du Angst, dass ich euch weniger lieben würde? Dass ich euch den Rücken zukehren, mich von euch lossagen und zu meinen biologischen Eltern gehen würde? Vielleicht wäre die Jugendzeit kein günstiger Zeitpunkt gewesen, aber warum hast du es mir nicht erzählt, als ich erwachsen war? Dachtest du, es wäre inzwischen zu spät dafür ...?

Erste Antworten

Zwei Tage danach kehrte ich mit Tante Hania vom Sonntagsgottesdienst zurück. Ich sah, dass sie etwas bedrückte. Nach einer Weile begann sie von selbst zu erzählen. Sie erklärte, dass sie nach dem Tod von Mama und Papa nicht mehr an ihr Versprechen gebunden sei und mir etwas sagen müsse.

«Janek, in der Wohnung deiner Eltern gibt es bestimmte Unterlagen, die ein ... wichtiges Familiengeheimnis enthüllen. Es kommt dir vielleicht komisch vor, aber sie befinden sich hinter einem der Bilder an der Wand.»

Im Auto herrschte einige Minuten lang absolute Stille. Ich musste zugeben, dass das Versteck perfekt gewesen war. Wer wäre auf die Idee gekommen, in einem Bilderrahmen nach dem Umschlag zu suchen?

«Ich habe die Dokumente vorgestern gefunden», sagte ich mit erstickter Stimme.

«Also weißt du, dass ...»

«Ja.»

«Und ... was jetzt?»

Ich hatte keine Ahnung, wie ich diese Frage beantworten sollte ... Einerseits wollte ich wissen, was die Frau namens Elisabeth geschrieben hatte, andererseits hatte ich Angst vor dem Inhalt dieses Briefes. Die Notiz, in der der Leiter des Kinderheims die Kontaktaufnahme zwischen den Familien empfohlen hatte, war auf alle Fälle ein Beweis dafür, dass ich keine Kriegswaise war und dass zumindest meine Mutter den Krieg überlebt hatte und in Deutschland wohnte. Warum hatte sie mich also weggegeben?

In meinen Gedanken spielte ich die unterschiedlichsten Szenarien durch. Musste sie während oder unmittelbar nach dem Krieg aus Gleiwitz fliehen und hat mich nicht mitgenommen, weil ich zu klein war? Wie war ich ins Kinderheim gekommen und später in die Adoptivfamilie?

Ania hatte kaum die Wohnungstür aufgeschlossen, als ich auch schon aufsprang und ihr gespannt entgegenlief. Sie zog zwei zusammengefaltete Blätter mit der polnischen Übersetzung aus ihrer Handtasche:

«Es ist wirklich ein Brief von deiner biologischen Mutter», sagte sie und umarmte mich fest. «Lies ihn dir in Ruhe durch, ich bereite schon einmal das Mittagessen vor.»

Ich ging ins Büro meines Vaters, setzte mich an den Schreibtisch und breitete den Originalbrief sowie die Übersetzung vor mir aus.

Sehr geehrter Herr Direktor,

ich heiße Ann Elisabeth. Ich wohne in der DDR und suche meinen jüngsten Sohn, Hans, geboren am 10. Mai 1944 in Gleiwitz.

Nachdem mein Mann Georg aus der Kriegsgefangenschaft in einem sowjetischen Arbeitslager zurückgekehrt ist, haben wir mit der Suche nach unseren vier Söhnen begonnen. Drei haben wir relativ schnell wiedergefunden, sie waren auf dem Gebiet der DDR, wo wir sesshaft geworden waren. Zwei von ihnen, Karl und Martin, waren im Kinderheim, der dritte, Ulrich, dagegen in einer Pflegefamilie. Alle drei haben wir zurückbekommen.

Jetzt möchten wir auch unseren jüngsten Sohn, Hans, wiederbekommen, deshalb schreiben wir diesen Brief. Wir konnten in Erfahrung bringen, dass viele Kinder aus Gleiwitz in Ihr evangelisches Kinderheim gekommen sind. War oder ist darunter auch unser Sohn Hans?

Elisabeth

Wie viele Geheimnisse würden noch ans Licht kommen?! Ich wusste bereits, wie meine biologischen Eltern hießen, und jetzt erfuhr ich, dass ich sogar drei Brüder hatte! Ich atmete tief durch.

«Ich habe Brüder», wiederholte ich einige Male. Als ich mich auf die Suche nach dem grauen Umschlag gemacht hatte, war mein einziges Ziel gewesen, die Wahrheit herauszufinden und ein für alle Mal mit dem Thema abzuschließen. Es stellte sich jedoch heraus, dass das erst der Anfang war.

Ich nahm den Brief und ging in die Küche.

«Eines verstehe ich nicht: Warum hat sie mich nicht mitgenommen, als sie nach Deutschland gegangen ist?», fragte ich und spürte, wie der Schmerz in meinem Herzen immer größer wurde.

«Janek, ich vermute, dass sie dich nicht freiwillig zurückgelassen hat», antwortete Ania. «Seit ich ihren Brief in der Schule gelesen habe, kann ich nicht mehr aufhören, daran zu denken, und als Mutter versuche ich, ihre Motive nachzuvollziehen. Offiziell wird nicht darüber gesprochen. Aber

165

schließlich wissen wir von den älteren Leuten, was gegen Ende des Kriegs alles passiert ist. Erinnerst du dich, was Tante Marysia uns vor vielen Jahren erzählt hat?»

«Ehrlich gesagt weiß ich davon nicht mehr viel. Du hast ein besseres Gedächtnis als ich.»

«In den letzten Monaten vor der Befreiung spielten sich in diesen Gebieten entsetzliche Dinge ab. Darunter litten alle, sowohl Polen als auch Deutsche, insbesondere die Frauen, weil fast alle Männer im Krieg waren. Als die russische Front heranrückte, wurde überall von Vergewaltigungen gesprochen. Alle hatten furchtbare Angst und begannen, vor den Russen zu fliehen.

Ich erinnere mich noch, wie Tante Marysia erzählt hat, dass die Leute in Massen panikartig auf die Bahnhöfe rannten, um sich in Sicherheit zu bringen, doch dass es sehr schwer war, in die Waggons hineinzukommen, weil die Züge absolut überfüllt waren.

Manche kletterten auf die Waggondächer, andere stellten sich auf die Puffer zwischen den Waggons. Überall waren Schreie zu hören, viele weinten vor Verzweiflung.

Wie aus dem Brief hervorgeht, war dein Vater in Kriegsgefangenschaft, also musste deine Mutter sicher allein flüchten. Vielleicht sind deine Brüder unterwegs verloren gegangen und deshalb ins Kinderheim gekommen …

Wenn deine Mutter wie die meisten Leute im Januar geflohen ist, warst du gerade einmal», Ania zählte an ihren Fingern, «acht Monate alt. Es herrschte eine klirrende Kälte, und ihr war ganz bestimmt klar, dass du eine solche Reise nicht überleben würdest. Wahrscheinlich hat sie dich deshalb im Kinderheim in Gleiwitz abgegeben und wollte dich zurückholen, sobald der Krieg vorüber wäre. Sie konnte nicht ahnen, dass Gleiwitz dann gar nicht mehr zu Deutschland gehören würde.»

«Das wäre tatsächlich denkbar.» Ich seufzte. «Schade, dass ich die Wahrheit niemals erfahren werde.»

«Janek, das muss nicht so sein. Es ist durchaus möglich, dass du sie doch noch herausfindest.»

«Glaubst du das wirklich? Ich bezweifle, dass das nach so vielen Jahren gelingen würde. Elisabeth war bestimmt im Alter meiner Eltern, vielleicht sogar älter, deshalb ist es unwahrscheinlich, dass sie noch am Leben ist.»

«Warum sollten wir es nicht trotzdem versuchen? Du hast erzählt, dass dein Vater deine Oma und deine Tante über das Rote Kreuz gefunden hat.» Ich sah, dass Ania Feuer gefangen hatte. «Probier es, ansonsten wirst du es immer bereuen.

«Vielleicht hast du Recht ...»

Ich stimmte ihr zu, wenn ich auch eher skeptisch war.

«Aber wie geht man das Ganze am besten an?», überlegte Ania laut.

«Ich muss sicher ans Rote Kreuz schreiben, es ist nur die Frage, ob ans polnische oder ans deutsche.»

«Wahrscheinlich an das deutsche. Ich bitte meine Kollegin um ihre Hilfe. Oder wir versuchen es über jemanden, der dort wohnt.»

«In Deutschland? Außer Basia kenne ich niemanden.»

«Und was ist mit deinem Cousin Mariusz?»

«Mariusz? Ich habe ihn, glaube ich, seit zehn Jahren nicht mehr gesehen, wenn nicht sogar noch länger.»

Anias Gedanke überraschte mich.

«Aber du könntest versuchen, an ihn zu schreiben oder ihn anzurufen. Das ist natürlich deine Entscheidung, ich will dich zu nichts überreden.»

Ich dachte eine Weile nach.

«Das ist eigentlich keine schlechte Idee ...», gab ich zu. «Und weißt du, was mir noch eingefallen ist? Wir müssen unbedingt Tante Hania fragen. Ich war zuerst so schockiert, dass ich ihr keine einzige Frage gestellt habe. Sie wusste von der Adoption und von dem Brief, deshalb weiß sie zweifellos noch mehr!»

«Natürlich! Sie kennt ganz bestimmt weitere Hintergründe! Mich hat das alles auch so überrascht, dass ich gar nicht auf den Gedanken gekommen bin, sie zu fragen. Wir können sie gleich auf einen Nachmittagskaffee zu uns einladen.»

Ich ging nach oben ins Dachgeschoss, um Tante Hania Bescheid zu geben. Bereits vor ihrer Wohnungstür war das Radio zu hören, in dem gerade einer ihrer Lieblingsbeiträge lief. Tante Hania sprach nicht nur fließend Polnisch, sondern bediente sich auch der russischen und ukrainischen Sprache. Sie verbrachte viele Stunden vor dem Radio und hörte sich liebend gern internationale christliche Sendungen an. Immer wieder erzählte sie uns Geschichten von Leuten, deren Leben sich dank des Evangeliums vollkommen verändert hatte.

«Tante Hania ... wir möchten dich zum Kaffeetrinken einladen», sagte ich durch die angelehnte Tür. «Ania schneidet schon den Kuchen.»

«Oh, vielen Dank, Janek! Ich komme gleich», antwortete sie lächelnd. Vor ihr lag die geöffnete Bibel. Das war ein Bild, das ich von frühester Kindheit an kannte. Insbesondere nach dem Tod ihres Mannes und ihres Sohnes verbrachte sie jede freie Minute vor dem Radio, mit der Bibel oder mit dem Schreiben von Gedichten. Das war ihre große Leidenschaft. Außer uns hatte sie keine Angehörigen mehr, doch obwohl sie bereits in einem fortgeschrittenen Alter war und mit einigen Krankheiten zu kämpfen hatte, klagte sie nie über Einsamkeit. Sie hatte es schon immer verstanden, ihre Zeit auszufüllen.

Tante Hania und ich setzten uns in die gemütlichen Sessel im Wohnzimmer, während Ania Kaffee und Kuchen hereinbrachte.

«Ich lasse euch erst einmal allein.» Wie immer verhielt sie sich ausgesprochen taktvoll. «Ich habe noch Klassenarbeiten zu korrigieren.»

Ich brauchte etwas in meiner Hand und nahm mir die Kaffeetasse.

«Tante Hania, du kannst dir sicher denken, was ich dich fragen möchte.»

«Ja, und ich sehe, dass es nicht leicht für dich ist.» Sie sah mir offen in die Augen. «Auch für mich war es nicht einfach, dieses Geheimnis so viele Jahre lang für mich zu behalten. Ich habe das Gefühl, jemand hätte jetzt eine riesige Last von meinen Schultern genommen.»

«Warum hat mir niemand ein Wort davon gesagt? Warum habt ihr es mir verheimlicht?

«Deine Eltern waren der Meinung, dass es besser sei.»

«Das verstehe ich nicht! Warum?!»

Ich konnte meine Verbitterung nicht zurückhalten.

«Gründe gab es wirklich viele.» Tante Hania seufzte. «Zum einen herrschte damals die gängige Meinung, dass man solche Dinge lieber geheim halte, sowohl vor Außenstehenden als auch vor dem Kind selbst. Viele Leute, insbesondere die Älteren, denken bis heute so.»

«Dem stimme ich nicht zu! Ich war immer der Auffassung, dass es besser sei, von Anfang an ehrlich darüber zu sprechen. Ich weiß, wie es meinen Freunden ging, die erst als Jugendliche von ihrer Adoption erfahren haben. Es war ein Schock für sie!», widersprach ich heftig. «Inka hat sogar versucht, sich das Leben zu nehmen!»

«Du hast wahrscheinlich Recht. Ich weiß nicht, wie es bei den anderen war, aber bei dir kam noch erschwerend hinzu, dass du aus einer deutschen Familie warst. Heute ist es anders, aber unmittelbar nach dem Krieg wurde eine Adoption von solchen Kindern sehr kritisch betrachtet. Manche bezeichneten sie als ‹deutsche Bastarde› – entschuldige bitte dieses Schimpfwort.

Ich stamme zwar nicht von hier, aber ich weiß, dass Polen und Deutsche auf dem Gebiet von Schlesien seit Jahrhunderten verhältnismäßig friedlich zusammengelebt hatten, aber der Krieg hat alles zerstört und die Menschen auseinandergetrieben.»

«Ja, ich weiß …»

Meine Aufregung legte sich allmählich.

«Die Situation von adoptierten Kindern war in dieser Zeit nicht leicht. Sie mussten sich oft anhören, dass sie dumm seien, nur weil sie adoptiert waren. Und wenn es deutsche Kinder waren, hatten sie nichts zu lachen. Ihnen wurde das Leben besonders schwergemacht. Sie wurden beschimpft, bespuckt und zum Teil sogar misshandelt. Und das haben nicht nur Erwachsene gemacht, auch die Kinder konnten grausam sein. Es war wie ein Brandmal auf der Haut, ein Schandfleck für das ganze Leben. Das wollten dir deine Eltern ersparen.»

«Das verstehe ich, aber sie hätten es mir sagen können, als ich erwachsen war.»

«Manchmal sind gerade die Dinge, die wir auf ‹später› verschieben, besonders schwierig aufzuklären. Es gab auch andere Gründe. Als deine Eltern anfingen, sich um die Adoption zu bemühen, waren sie bereits einige Jahre verheiratet und hatten noch keine eigenen Kinder. Es gab Leute, die Unfruchtbarkeit als Makel betrachteten, etwas, wofür man sich schämen müsse.»

«Schämen? Wir leben doch nicht mehr im Mittelalter!»

«In mancher Hinsicht hat sich nicht viel geändert. Sogar während des Kriegs wurden viele Kinder geboren. Wenn eine Frau keine bekommen konnte, fühlte sie sich wertlos. Einige waren der Meinung, dass es die Strafe für ihre Sünden sei.»

«Hat Mama das etwa geglaubt?», fragte ich und spürte, dass es mir unangenehm war, in so persönliche Bereiche des Lebens meiner Mutter vorzudringen. Sie war wie fast ihre gesamte Generation sehr diskret bei diesen Themen, und wir hatten uns nicht viel über solche Dinge unterhalten.

«Sie wollte nicht darüber sprechen. Ich weiß, dass sie jahrelang um ein Kind gebetet und viele Nächte geweint hat, aber sie wurde nicht schwanger. Dennoch zweifelte sie nie daran, dass Gott ihr Gebet erhören würde. Ich weiß selbst, wie weh das tut. Wir haben uns auch mehr Kinder gewünscht, doch Gott hat uns nur Mirek geschenkt, und dann ist er auch noch so zeitig ...», Tante Hania wischte sich die Tränen von den Wangen.

«Das tut mir leid ...»

«Du siehst, eine Mutter wird ihr Kind immer lieben. Es ist egal, ob sie es adoptiert oder selbst geboren hat, ob es hier oder dort ist», sie zeigte Richtung Himmel. «Ich kann kaum glauben, dass schon zwanzig Jahre vergangen sind ... Aber zurück zu dir, Janek ...

Es war im Jahr 1947, als deine Eltern sich darum bemühten, ein Kind zu adoptieren. Oma und ich waren damals gerade aus Sibirien heimgekehrt. Sie wollten gern einen Jungen, vor allem deinem Vater lag viel daran. Sein Wunsch ging sehr schnell in Erfüllung, nachdem jemand sie im September darüber informiert hatte, dass das Waisenhaus in Miechowitz verstaatlicht werden sollte.»

«Ich kenne es und war viele Jahre nach dem Krieg einmal dort, aber da waren schon fast alle Gebäude Eigentum des Staates.»

«Nach dem Krieg waren nur wenige Diakonissen in diesem Waisenhaus übrig geblieben. Sie hatten große Angst vor der Verstaatlichung und versuchten, christliche Familien für die Kinder zu finden. Deshalb waren die Formalitäten innerhalb von einer Woche abgewickelt.

Sonia war zutiefst überzeugt, dass du die Antwort auf ihre jahrelangen innigen Gebete warst. Obwohl sie dich nicht zur Welt gebracht hatte, hat sie dich vom ersten Moment an wie ihren eigenen Sohn geliebt.»

«Wirklich von Anfang an?»

«Ja, ich erinnere mich noch ganz genau daran, wie glücklich sie war! Und Piotr erst! Er strahlte förmlich vor Liebe zu dir! Wenn du geschlafen hast, haben sie an deinem Bett gesessen und dich einfach nur angesehen. Tagsüber haben sie dich in den ersten Wochen keinen Moment aus den Augen gelassen. Sie waren sich sicher, dass du ein Waisenkind warst, weil ihnen das vom Leiter des Heims in Miechowitz versichert worden war. Du hattest entsprechende Papiere, warst dreieinhalb Jahre alt, und niemand hatte dich gesucht.

Doch über ein Jahr später kam der Brief von deiner biologischen Mutter. Das war für deine Eltern ein gewaltiger Schock. Niemand hatte auch nur im Traum mit so etwas gerechnet.»

«Wie haben Mama und Papa denn darauf reagiert?»

«Ich hatte Angst, dass Sonia einen Herzinfarkt bekommen würde. Piotr hat tagelang nichts gegessen und konnte nachts nicht mehr schlafen. Sie hätten es nicht überlebt, wenn sie dich hätten wieder hergeben müssen. Sie haben dich so sehr geliebt, dass es nichts und niemanden gab, der dich ihnen hätte wegnehmen können. Deshalb beschlossen sie, alles dafür zu tun, dass du niemals davon erfährst, nicht ihr leibliches Kind zu sein.»

«War das der Moment, in dem sie dir verboten haben, darüber zu sprechen?»

«Ja, sie haben mich schwören lassen, dass ich dir das nicht verraten würde. Wir hatten keine Ahnung, wie sich die Situation weiterentwickeln würde. Auf der einen Seite hatten sie den rechtskräftigen Beschluss über die Adoption, doch gleichzeitig hielten sie ein Schreiben von deinen Eltern in der Hand, die auf der Suche nach ihrem Sohn waren. Sie hatten Angst, was passieren würde, deshalb wollten sie es um jeden Preis geheim halten. Ich wusste, dass ich kein Wort darüber verlieren durfte und jeglichem Gerücht widersprechen musste.

Adoptierte Kinder passen sich oft den Eltern an, und so war es auch in deinem Fall. Nur dieser Pony war niemals zu bändigen, er stand immer ab!»

Zum ersten Mal in diesem Gespräch hellte sich Tante Hanias Gesicht auf.

«Ich fürchtete mich vor dem Moment, in dem die Wahrheit doch irgendwann ans Licht kommen würde. Es bestand immer eine gewisse Wahrscheinlichkeit, dass irgendjemand verriet, dass du nicht ihr leibliches Kind warst.»

«Und du hast dich nicht geirrt. Mir ist erst vor kurzem eingefallen, dass mich Tante Olga einmal nach meinen biologischen Eltern gefragt hat. Da war ich vielleicht neun Jahre alt. Als sie bemerkte, wie überrascht ich war, begann sie sich zu erklären und damit zu entschuldigen, dass sie mich mit einem anderen Kind verwechselt hätte. Und einige Jahre zuvor hatte Frau Sawczukowa mich einmal als ‹Findling› bezeichnet, als sie sich gerade über mich ärgerte.»

«Frau Sawczukowa?», fragte Tante Hania verwundert. «Genau davor hatten deine Eltern die größte Angst: dass sich irgendjemand verplappert. Es ist eigentlich unglaublich, dass es so viele Jahre gelungen ist, dir das Ganze zu verheimlichen.»

«Um ein Haar hätte ich die Wahrheit selbst herausgefunden. Als ich achtzehn Jahre alt war, habe ich diesen Umschlag mit den Adoptionsunterlagen gefunden. Ich weiß noch, wie lange ich gezögert habe, bis ich Papa darauf angesprochen habe. Es ist ihm sehr nahegegangen, aber er hat mit einer Gegenfrage geantwortet.

Eigentlich hätte ich Verdacht schöpfen müssen, aber aus heutiger Sicht denke ich, dass ich einfach nicht an eine Adoption glauben wollte. Es hätte mein Leben vollkommen auf den Kopf gestellt, und ich wollte gar nicht wirklich in Erwägung ziehen, dass Mama und Papa nicht meine leiblichen Eltern waren.

Später habe ich den Umschlag gesucht, weil ich mich vergewissern wollte, ob ich die Unterlagen wirklich richtig gelesen hatte. Ich konnte ihn jedoch nirgends mehr finden.»

«Das war sicher zu der Zeit, als deine Eltern ihn hinter dem Bild versteckt haben. Sonia hat mir erst kurz vor ihrem Tod davon erzählt. Weißt du, es ist heute schwer zu sagen, aber ich denke, dass es gut war, dass du es erst als Erwachsener erfahren hast. Ich bin mir nicht sicher, wie du reagiert hättest, wenn du ihnen als Kind oder Jugendlicher weggenommen worden wärst.

Mit hoher Wahrscheinlichkeit hast du in deinen ersten drei Lebensjahren Schweres durchgemacht, insbesondere im Kinderheim. Sonia hat es das Herz zerrissen, als du nach der Adoption bei ihnen eingezogen bist und als Erstes gefragt hast, ob das Essen auch für dich reichen würde. Offenbar hattest du des Öfteren nicht genug bekommen und bist hungrig geblieben.

Du hast es geliebt, deiner Mama beim Kochen zuzusehen, und hast über das Feuer im Ofen gestaunt. Vor jedem Essen konntest du es vor Ungeduld kaum erwarten. Deine Eltern haben alles dafür getan, damit du niemals wieder hungern oder aus einem anderen Grund leiden musstest.

Als sie damals diesen Brief bekamen, dass deine leibliche Mutter auf der Suche nach dir war, war das für sie wie ein Stich ins Herz.»

«Haben sie meiner Mutter trotzdem zurückgeschrieben?»

«Ja, auf den ersten Brief haben sie geantwortet, aber ich weiß nicht, wie es danach weitergegangen ist. Vermutlich kamen noch mehr Briefe. Ich habe gesehen, dass Sonia manchmal nach dem Besuch des Postboten besonders traurig war und verweinte Augen hatte. Weil sie selbst aber nichts gesagt hat, habe ich auch nicht nachgefragt. Unsere Generation hat über vieles nicht gesprochen, vielleicht wegen all dem, was wir im Krieg erlebt hatten. Es waren vollkommen andere Zeiten als heute.»

Eine Weile saßen wir schweigend in unseren Sesseln, und ich ließ ihre Worte auf mich wirken.

«Wie kam es, dass sie gerade mich genommen haben?»

«Oh, das ist eine wunderschöne Geschichte! Sonia hat immer betont, dass es eine außergewöhnliche Fügung Gottes war. Als deine Eltern sich dafür entschieden, ein Kind zu adoptieren, erhielten sie von einem Bekannten die Information, dass es im Heim von Miechowitz Kinder zur Adoption gäbe. Das war die Zeit des Stalinismus[11], und man hatte Angst, dass der Kirche alle Kinderheime und Waisenhäuser weggenommen würden, was bedeutet hätte, dass die Kinder im Geist des Kommunismus erzogen worden wären. Deshalb machten sich deine Eltern sofort auf den Weg nach Miechowitz, als sie davon erfuhren.»

«Und dort haben sie gerade mich ausgesucht?»

«Nein, nicht ganz … Angeblich warst du es, der sie sich ausgesucht hat», erklärte Tante Hania lächelnd.

«Ich? Wie das denn?»

«Als sie zurückkamen, haben sie mir davon erzählt, doch ich weiß nicht, ob ich es noch genau wiedergeben kann … Aber ich habe eine Idee …» Sie überlegte einen Moment. «Meinst du, dass du es schaffst, einige Tage zu warten, um das Ganze von jemandem zu hören, der Zeuge dieser Begebenheit war?»

Ehrlich gesagt hätte ich die Geschichte am liebsten sofort gehört, aber wenn ich fast fünfzig Jahre hatte warten können, würde ich es auch noch ein paar Tage länger aushalten. Umso

---

[11]Der Begriff meint die Herrschaft J. W. Stalins von 1927 bis 1953 in der Sowjetunion sowie die von Stalin geschaffene theoretische und praktische Ausprägung des Marxismus-Leninismus und die darauf aufbauende Form des Totalitarismus. (Quelle: Wikipedia)

mehr, da ich die Gelegenheit hatte, einen Augenzeugen davon erzählen zu hören!

«Ich habe zwei oder drei Mal eine junge Frau getroffen, die dabei war, als deine Eltern dich aus dem Heim mitgenommen haben. Das muss eine so einzigartige Situation gewesen sein, dass sie ihr im Gedächtnis geblieben ist. Sie hat mich später nach dir gefragt, aber ich habe sie beschworen, mit niemandem darüber zu sprechen, weil deine Eltern die Adoption geheim halten wollten. Damals hat das niemanden gewundert. Wenn ich mich nur erinnern könnte, wie sie hieß ...»

Tante Hania überlegte.

«Joanna? Ja, ganz sicher, sie hieß Joanna und ging in Kattowitz in die Gemeinde. Ich rufe eine Bekannte an und frage sie nach ihr. Vielleicht hat sie ihre Telefonnummer.»

«Danke, du hast mir sehr geholfen ... Ich werde versuchen, das alles in meinem Kopf irgendwie zu ordnen, auch wenn ich momentan mehr Fragen als Antworten habe.»

«Manchmal begegnen uns im Leben Situationen, in denen es keine eindeutige Erklärung gibt. Das Einzige, was wir tun können, ist, alles Gottes Händen anzubefehlen und abzuwarten.

Du hast keine Ahnung, wie viele Nächte ich damit verbracht habe, dafür zu beten, dass Gott das alles führt, weil keine Lösung gut zu sein schien: Wenn deine Eltern dich zurückgegeben hätten, wäre es so gewesen, als hätten sie sich bei lebendigem Leib das Herz herausgerissen. Aber ich kann mir genauso gut vorstellen, wie deine leibliche Mutter gelitten haben muss, nachdem sie wusste, dass du am Leben warst, sie dich aber nicht zurückbekommen konnte ...»

«Das, was du gesagt hast, hilft mir zumindest, das Verhalten von Mama und Papa nachzuvollziehen, aber ich kann auch meine biologische Mutter verstehen.» Ich wusste nicht, wie ich diese Frau nennen sollte, die mich zwar geboren, doch von deren Existenz ich noch vor drei Wochen nicht das Geringste geahnt hatte. «Ich glaube fest, dass das alles nicht zufällig passiert ist ...»

«Genau dasselbe haben deine Eltern auch gedacht. Ich erinnere mich, wie niedergeschlagen Sonia in der Küche saß, nachdem sie den Brief gelesen hatte, und wie sie mehrmals hintereinander sagte: ‹Das kann nicht wahr sein, das kann einfach nicht wahr sein ... Gott hätte uns dieses Kind doch nicht gegeben, um es uns wieder wegzunehmen ...›»

«Tante Hania ...» Ich wog jedes Wort sorgfältig ab. «Ich würde mich gern auf die Suche nach meinen leiblichen Eltern machen, das heißt, wenn sie noch leben. Ansonsten nach meinen Brüdern, von denen in dem Brief die Rede war.»

Tante Hania sah mich einen Augenblick schweigend an.

«Natürlich, das verstehe ich.» Sie nickte. «Du hast ein Recht darauf. Ich weiß selbst, wie wichtig Geschwister sind. Sonia stand mir sehr nahe, und als einer unserer Brüder in Sibirien starb, konnte ich mich lange nicht damit abfinden ... Vermutlich wird es aber nicht so einfach sein, deine biologische Familie ausfindig zu machen. Es sind so viele Jahre vergangen ...»

«Ehrlich gesagt weiß ich auch noch nicht, wo ich mit der Suche anfangen soll.»

Ungefähr zwei Wochen später gab Tante Hania mir die Telefonnummer von Joanna. Ich rief sie an und verabredete ein Treffen mit ihr. Sie klang sehr nett, und ich freute mich, dass sie uns schon am nächsten Tag besuchen konnte. Ich war überrascht, dass sie so jung war, denn ich hatte jemand Älteren erwartet.

«Du bist ganz schön gewachsen, Janek! Auf der Straße hätte ich dich nicht mehr erkannt», sagte Joanna lachend, als sie mir zur Begrüßung die Hand reichte. «Entschuldige, dass ich dich gleich mit ‹Du› anspreche, aber ich kenne dich noch von der Zeit, als du sooo klein warst.»

Sie zeigte mit der Hand eine Höhe von circa einem Meter über dem Boden. «Bitte sprecht mich auch mit meinem Vornamen an: Joanna. Schließlich bin ich nicht viel älter als ihr.»

«Sehr gern. Das ist meine Frau Ania.»

«Es freut mich sehr, euch zu treffen. Janek, dein Name war vorher Hans, richtig?»

«Ja, meine Eltern haben ihn dem Polnischen angepasst. Obwohl ich mir nicht sicher bin, ob sie mich nur deshalb so genannt haben, denn sie betonten, dass auch einer der Apostel so hieß, ebenso wie zahlreiche Könige.»

Ich lud Joanna ins Wohnzimmer ein, während Ania in die Küche ging, um den frisch gebackenen Apfelkuchen zu holen.

«Die Schwester meiner Mutter sagte, dass du dabei warst, als meine Eltern sich unter all den Kindern für mich entschieden haben?» Ich war so gespannt, dass ich sofort zum Thema kam, sobald wir uns gesetzt hatten.

«Tee oder Kaffee?», fragte Ania.

«Tee, bitte», antwortete Joanna und reichte ihr die Tasse. «Ja, ich erinnere mich noch ganz genau an diesen Moment. Eigentlich haben nicht sie dich ausgesucht, sondern du sie. Das war sehr bewegend. Deine Eltern waren von meinem Vater informiert worden und kamen daraufhin ins Kinderheim nach Miechowitz. Kennt ihr die Geschichte dieses Ortes?»

«Ehrlich gesagt weiß ich nur, dass es vor dem Krieg eine große evangelische Einrichtung war», sagte Ania.

«Das stimmt. Dort wurden vor allem ältere und obdachlose Menschen versorgt, aber auch Waisen, von denen es damals sehr viele gab. Mutter Eva, die Gründerin des Werkes, war als achtes von neun Kindern der unglaublich wohlhabenden deutschen Adelsfamilie Thiele-Winckler geboren worden.

Sie setzte ihr gesamtes Vermögen für die Unterstützung der Armen ein. Das ist eine Geschichte, die mich nach wie vor in Staunen versetzt: Eine reiche Prinzessin beschließt, sich um die Elenden zu kümmern. Es ist schwer vorstellbar, wie viel Geld diese Familie gehabt haben muss. Ihnen gehörten Gebiete in Kattowitz und anderen Städten, einige Bergwerke, und zusätzlich hatten sie unzählige Besitztümer in Deutschland.

Gegen den Willen ihres Vaters entschied sich Eva dafür, dem Ruf Gottes zu folgen. Sie spürte, dass er es ihr aufs Herz legte, den Ärmsten unter den Schlesiern zu helfen.

Anstatt im Überfluss zu schwimmen, ließ sie von dem Erbe ihrer schon früh verstorbenen Mutter einige Gebäude errichten, in denen sie die Notleidenden versorgte. Sie machte das auf so professionelle Art und Weise, dass ihre Hilfseinrichtung schon bald riesige Ausmaße annahm.

Sie gründete ein Zentrum, in dem sich fast sechshundert Diakonissen in über sechzig Häusern um vierzehntausend Waisenkinder kümmerten!

Nach einigen Jahren waren diese Schwestern sogar in China und Lappland tätig! Die Kinder nannten sie Mutter Eva, und sie selbst liebte sie, als wären es ihre eigenen. Ich bewundere diese außergewöhnliche Frau.

Mutter Eva ist einige Jahre vor dem Krieg gestorben, aber das Werk ging weiter. Als die sowjetische Front näher rückte, flohen die Schwestern mit den Kindern nach Deutschland. Nur wenige sind vor Ort in Miechowitz geblieben.

Kurz darauf kamen über zweihundert Waisenkinder aus Warschau mit einer Diakonisse dort an, deren Eltern beim Warschauer Aufstand ums Leben gekommen waren.

Ich erinnere mich, dass du später aus dem Kinderheim in Gleiwitz dazugekommen bist. Mein Vater arbeitete im Zentrum von Mutter Eva als Bäcker, deshalb bin ich oft hingegangen und habe mit den Kindern gespielt, obwohl ich selbst gerade einmal zehn Jahre alt war.

Es hat mir das Herz zerrissen, wenn ich diese armen, ausgehungerten Kleinen gesehen habe, die viel weinten oder sich stundenlang monoton vor- und zurückwiegten. Um sie zu trösten, haben die Mitarbeiter versprochen: ‹Dein Papa wird kommen und dich nach Hause holen.›

Ich weiß nicht, inwieweit sie das verstanden haben, aber wahrscheinlich haben sie in dieser Hoffnung gelebt. Die Diakonissen haben die ganze Zeit gläubige Familien gesucht, die Kinder aufnehmen könnten, vor allem nachdem klar wurde, dass die Einrichtung in Kürze verstaatlicht werden sollte. Als mein Vater davon hörte, dass deine Eltern ein Kind adoptieren möchten, gab er ihnen sofort Bescheid.»

«Meine Tante erzählte mir, dass sie unbedingt einen Jungen wollten.»

«Ja, ich weiß nicht, warum, aber dein Vater legte großen Wert darauf, dass es ein Junge war», sagte Joanna und lächelte.

Ich erinnerte mich daran, wie Ania schwanger war. Jedes Mal dachten wir, dass sie ein Mädchen zur Welt bringen würde. Mein Vater hatte dagegen immer die Hoffnung: «Vielleicht wird es ja ein Junge?» Ich konnte das nicht verstehen. Aber so, wie er es sich gewünscht hatte, hatte er drei Enkelsöhne bekommen.

«Sie besuchten gleich am nächsten Tag das Heim und gingen mit meinem Vater in ein großes Gebäude, das ‹Friedenshort› hieß», fuhr Joanna fort. «Es war das älteste Haus des Zentrums. Ich habe sie einfach begleitet. Leute, die ein Kind adoptieren wollten, wurden während des Mittagsschlafes der Kleinen in den Schlafsaal geführt, damit sie sich die Kinder in Ruhe anschauen und eines aussuchen konnten.

Die Bedingungen waren sehr bescheiden, an den Wänden standen die Betten, und in der Mitte war ein großer Wickeltisch mit Schrank. Ich werde niemals vergessen, was passierte, als wir den Saal betraten.»

Joanna erzählte mit einer solchen Ergriffenheit, als hätte sich das Ganze erst gestern abgespielt.

«Deine Eltern sahen sich im Raum um, und plötzlich ertönte aus der gegenüberliegenden Ecke der Ausruf ‹Papa!›. Das warst du. Und damit war die Sache entschieden. Du selbst hattest die Entscheidung getroffen ...»

Für einen Moment versagte ihre Stimme.

«War das nicht Gottes Handeln? Dein Vater ist zu deinem Bett gerannt und hat dich auf den Arm genommen. Ich habe gesehen, dass ihm die Tränen übers Gesicht liefen.»

Ich war so bewegt, dass ich kein Wort über die Lippen brachte.

In dieser Nacht fand ich keinen Schlaf. Immer wieder lief die Szene vor meinem inneren Auge ab, als ich mir, wie Joanna es bezeichnete, meinen Vater ausgesucht hatte. Ich stellte mir den Schlafsaal vor und versuchte, in meinem Gedächtnis wenigstens kleinste Spuren dieses Ereignisses zu finden.

Die Erinnerung daran war jedoch wie ausgelöscht. Bis zu der Zeit, als ich fünf oder sechs Jahre alt war, schien nichts in meinem Gedächtnis haften geblieben zu sein.

Das Gespräch mit Joanna hatte den Wunsch in mir verstärkt, meine biologische Familie in Deutschland ausfindig zu machen. Ich nahm an, dass meine leiblichen und meine Adoptiveltern ungefähr im gleichen Alter waren. Es bestand demzufolge die, wenn auch geringe, Wahrscheinlichkeit, dass sie noch am Leben waren. Ich hoffte besonders auf eine Begegnung mit meinen drei Brüdern, die nur wenige Jahre älter waren als ich.

So weit ich zurückdenken konnte, hatte ich mir Geschwister gewünscht, vor allem einen Bruder. Und jetzt stellte sich heraus, dass ich sogar drei hatte! So reifte der Entschluss, Anias Rat zu befolgen und mich sowohl mit dem Polnischen Roten Kreuz in Verbindung zu setzen als auch mit meinem Cousin Mariusz, der in Deutschland lebte.

Unsere Wege waren zu einem bestimmten Zeitpunkt auseinandergegangen. Ich arbeitete in der Kirche, während er sich in der Politik engagierte. Kurz vor Verhängung des Kriegsrechts[12] hatte er das Land illegal verlassen.

Ich rief Tante Maryla an, die Mutter von Mariusz, und bat sie um seine Adresse. Zwei Wochen später hatte ich gerade einen Brief an ihn verfasst, als Mariusz völlig überraschend anrief und fragte, ob er bei uns übernachten könne. Er hatte sich mit einem wichtigen Geschäftspartner aus Wien verabredet.

«Janek, ich weiß nicht, warum, aber als ich überlegt habe, wo ich mich mit ihm treffen könnte, dachte ich sofort an dich, weil du auf der Hälfte der Strecke wohnst. Das schien mir gleichzeitig eine gute Gelegenheit, euch mal wiederzusehen. Und danach will ich unbedingt meine Mutter in Warschau besuchen. Vor dreizehn Jahren war ich das letzte Mal dort! Erst jetzt kann ich wieder legal hinfahren.»

«Unser Haus steht dir immer offen!», versicherte ich ihm und wusste, dass sein Anruf kein Zufall war. Hätte ich eine bessere Bestätigung bekommen können, dass ich die Suche nach meiner Familie beginnen sollte?

Nach so langer Zeit fanden wir beim Erzählen kaum ein Ende. Es war sehr viel passiert: Meine Mutter war gestorben, zwei Jahre später Onkel Andrzej, Mariuszs Vater, und vor kurzem mein Vater. Wir erinnerten uns an verschiedene Familienanekdoten, vor allem bezüglich unserer Väter, und wir stellten verwundert fest, wie unterschiedlich Brüder sein konnten:

---

[12]Das Kriegsrecht in Polen war von 1981 bis 1983 eine Maßnahme des Regimes der Volksrepublik Polen unter Wojciech Jaruzelski, um die Demokratiebewegung um die Gewerkschaft Solidarność zu zerschlagen. Es war mit der Militarisierung von Verwaltung, Wirtschaft und Medien, der Aufhebung von Bürgerrechten sowie einer das ganze Land erfassenden Verhaftungs- und Repressionswelle verbunden. (Quelle: Wikipedia)

Onkel Andrzej war energisch, sehr prinzipientreu und dachte unternehmerisch, während Papa das komplette Gegenteil war: Er strahlte eine große innere Wärme und Demut aus. Wenn der eine ermahnte, tröstete der andere. Trotz der Unterschiedlichkeit hatten sie sich gut verstanden und einander geholfen. Als mein Vater krank wurde, besuchte Onkel Andrzej ihn oft.

Ich erzählte Mariusz alles, was ich über die Inhaftierung von Pastoren und Geistlichen vor über vierzig Jahren erfahren hatte, wovon auch unsere Väter betroffen gewesen waren. Und zum Schluss weihte ich ihn in unser Familiengeheimnis ein. Er war im ersten Moment ebenso überrascht, wie ich es gewesen war.

«Weißt du, ich würde eher vermuten, dass *ich* adoptiert wurde! Ich habe so gar nicht zu dieser in der Kirche engagierten Familie gepasst und war ein richtiger Sonderling. Mich haben die Politik und das Geschäft interessiert, aber *du* bist doch wirklich eine Kopie deines Vaters. Ich kann das wirklich nicht glauben!» Er schüttelte den Kopf. «Wie ist es möglich, dass du dich so perfekt in unsere Sippe eingefügt hast?»

«Dann kannst du dir vorstellen, wie schwer es mir gefallen ist, das zu glauben!»

Ich zeigte Mariusz den Brief meiner biologischen Mutter. Er konnte fließend Deutsch und hatte keinerlei Probleme, den Inhalt zu verstehen.

«Ania ermutigt mich dazu, sie zu suchen. Ich weiß nicht, ob meine leiblichen Eltern noch leben und ob sich nach so vielen Jahren überhaupt noch jemand an mich erinnert, aber Ania sagt, dass ich es versuchen sollte, weil es mir ansonsten bis zu meinem Lebensende keine Ruhe lassen würde. Denkst du, dass du mir dabei helfen könntest?», fragte ich geradeheraus.

«Auf jeden Fall, da kannst du dir absolut sicher sein! Ich werde sie finden, selbst wenn ich ganz Deutschland auf den

Kopf stellen müsste. Schließlich leben dort doch nur ungefähr ... achtzig Millionen Menschen!», lachte er. «Eine Frage drängt sich mir aber auf: Nimmst du es deinen Eltern übel, dass sie dir nichts von der Adoption gesagt haben?»

«Ehrlich gesagt ... ja. Das Schwierigste ist für mich, dass ich mit ihnen nicht mehr darüber sprechen kann. Sie hätten dieses Geheimnis nicht mit ins Grab nehmen sollen.»

Er nickte nur und klopfte mir auf die Schulter.

Mariusz war ein großartiger Organisator und Geschäftsmann. Er hatte Feuer gefangen, und nach seiner Rückkehr stürzte er sich sofort in die Arbeit. Ich hatte keinen Zweifel: Er würde nicht eher aufgeben, bis er meine biologische Familie gefunden hätte, auch wenn sie inzwischen am anderen Ende der Welt wohnen sollten.

Mein Leben – neu entdeckt

Ania und ich waren auf der Rückkehr von unserem Urlaub in Masuren. Wir planten, auf der Fahrt durch Warschau die Mutter von Mariusz, Tante Maryla, zu besuchen. Sie wusste bereits, dass ich unserem Familiengeheimnis auf die Spur gekommen war.

Wir hatten kaum das Mietshaus betreten, in dem sie wohnte, als ihre Nachbarin Dorota uns im Treppenhaus sah und voller Freude ausrief:

«Janek! Mariusz hat deine Schwester gefunden!»

«Meine Schwester? Ich habe eine Schwester?!»

Ich war sprachlos und blieb wie angewurzelt stehen. In dem Brief meiner Mutter an das Waisenhaus hatte sie doch nur Söhne erwähnt!

«Mariusz hat unzählige Fragen und versucht dich seit Tagen zu erreichen. Hast du denn noch gar kein Handy? Er ist ganz aufgeregt, weil er so schnell Kontakt zu deiner Familie aufnehmen konnte!»

Dorota überschüttete uns regelrecht mit Informationen.

«Solche technischen Neuheiten besitze ich noch nicht, aber wenn Mariusz in dem Tempo weitermacht, werde ich mir wohl ein Handy zulegen», erklärte ich lächelnd und machte mich mit Ania auf den Weg nach oben zur Wohnung von Tante Maryla.

Wir begrüßten uns herzlich, weil wir uns lange nicht mehr gesehen hatten. Auch mit Tante Maryla kamen wir sofort auf das Thema zu sprechen, das mich so stark beschäftigte. Sie erzählte, dass sie von Anfang an von meiner Adoption gewusst hatte, weil Onkel Andrzej ihr alles gesagt hatte. Als die beiden heirateten, hatten Papa und Mama mich bereits adoptiert. Aber so wie die ganze Familie wurde sie dazu verpflichtet, niemandem gegenüber ein Wort davon zu erwähnen.

Es stellte sich heraus, dass auch einige Mitarbeiter meines Vaters eingeweiht waren, aber alle achteten seine Bitte, Stillschweigen in dieser Angelegenheit zu bewahren. – Es erstaunte mich immer mehr, dass tatsächlich niemand dieses Geheimnis jemals preisgegeben hatte.

Tante Maryla bot mir an, Mariusz direkt anzurufen, weil er so viel zu berichten hatte. Meine Neugier war gewaltig, deshalb griff ich tatsächlich sofort zum Telefon.

«Janek, es gibt Neuigkeiten! Super Neuigkeiten! Das war gar nicht so einfach!» Mariusz schrie fast in den Telefonhörer. «Setz dich bequem hin, das wird eine längere Geschichte. Ich habe gleich nach meiner Rückkehr mit der Recherche begonnen und bin zu dem Amt gegangen, das für die Suche von verloren gegangenen Angehörigen verantwortlich ist und in dem es ein Archiv gibt ...»

Er redete ohne Punkt und Komma.

«Dort haben sie mir zuerst gesagt, dass gerade renoviert wird und ich frühestens im September noch einmal nachfragen könne. Ich wollte nicht so lange warten und habe mir eine CD-ROM mit den Telefonnummern von dem Ort gekauft, aus dem deine Mutter damals den Brief abgeschickt hatte. Ich habe so lange herumtelefoniert, bis ich bei einer früheren Nachbarin von ihr angekommen bin. Sie sagte, dass die Familie umgezogen sei, aber sie wüsste nicht, wohin. Dann ist ihr eingefallen, dass eine entfernte Verwandte von ihnen noch im Umkreis wohne, und sie meinte, ich solle in ein paar Tagen noch einmal anrufen.

Als ich sie das nächste Mal am Apparat hatte, erfuhr ich, dass dort tatsächlich noch die Cousine deiner Mutter, mit Namen Erna, wohnte, und sie gab mir ihre Telefonnummer. Erna bestätigte mir, dass deine Eltern mittlerweile in einer anderen Stadt wohnen, aber auch sie konnte mir nicht sagen, wo genau, weil sie keinen Kontakt zu ihnen hat. Sie erwähnte jedoch, dass deine Eltern noch eine Tochter hatten.»

«Das heißt, ich habe tatsächlich eine Schwester!», fiel ich ihm ins Wort.

«Nicht nur eine Schwester, sondern auch einen *jüngeren* Bruder!»

«Nicht so schnell, Mariusz! Das ist zu viel auf einmal ... Das jüngste Kind meiner Mutter war doch laut ihrem Brief ans Waisenhaus ich!»

Ich konnte es kaum fassen, in was für einer Geschwindigkeit sich meine Familie vergrößert hatte. Im April war ich noch in der Annahme gewesen, ein Einzelkind zu sein, das tief im Inneren bedauerte, niemals Geschwister gehabt zu haben, und drei Monate später hatte ich bereits vier Brüder und eine Schwester!

«Und was ist mit meinen anderen Brüdern?», wollte ich wissen.

«Erna hat mir einiges erzählt. Der älteste Sohn ist in die BRD geflohen, aber der zweite lebt leider nicht mehr. Ich flehte sie an, nachzuschauen, ob sie nicht doch irgendwo einen Brief mit der Anschrift deiner Eltern hatte. Sie fand tatsächlich zwei Postkarten, zwar ohne Absenderadresse, dafür aber mit gut sichtbarem Poststempel von zwei verschiedenen Städten.

Ich rief bei der ersten an, doch dort sagte mir die Mitarbeiterin vom Einwohnermeldeamt, dass ihr der Name nichts sagen würde. Bei der zweiten Stadt wollten sie wissen, warum ich danach frage. Als ich den Hintergrund meines Anrufs erklärte, baten sie mich um eine schriftliche Erklärung, in wessen Namen ich auftrete und aus welchem Grund.

Noch am gleichen Tag habe ich das Schreiben losgeschickt. Drei Tage später habe ich dort noch einmal angerufen und war völlig überrascht, als die Mitarbeiterin sagte:

‹Ich gebe den Hörer an die Schwester Ihres Cousins weiter.›

Wie sich herausstellte, war deine Schwester, Ina, gerade in diesem Moment zum Amt gekommen, um eine Einverständniserklärung abzugeben, dass ihre Adresse an mich weitergegeben werden dürfe!»

«Du hast mit ihr gesprochen? Was hat sie gesagt?»

Ich konnte es kaum erwarten zu hören, wie meine Schwester, von deren Existenz ich erst vor kurzem erfahren hatte, reagiert hatte.

«In diesem ersten Gespräch waren wir beide so überrumpelt, dass wir nur unsere Telefonnummern ausgetauscht haben. Am nächsten Tag begann dann aber eine längere Unterhaltung.»

«Wusste sie, dass es mich gibt?»

Diese Frage beschäftigte mich die ganze Zeit am meisten.

«Ja, und du kannst dir nicht vorstellen, wie sie sich gefreut hat, dass du sie suchst! Sie fragte, warum du dich erst jetzt meldest, wie es dir ergangen ist, was für eine Familie du hast, was du machst und Unmengen anderer Dinge. Ich konnte ihr gar nicht alle Fragen beantworten. Schade, dass du kein Deutsch sprichst, sonst könntest du dich selbst mit ihr unterhalten. Das Beste wäre, wenn du herkommen würdest! Warst du schon einmal in Deutschland?»

«Nur ein einziges Mal.»

«Dann musst du dich so schnell wie möglich mit Ania auf den Weg machen! Packt eure Koffer und fahrt los! Ich diene euch gern als Übersetzer.»

Nach diesem Telefonat fuhren meine Gefühle Achterbahn.

«Ania, wir besuchen Deutschland», kündigte ich ihr an. «Mariusz hat meine Familie ausfindig gemacht und mit meiner Schwester gesprochen. Sie heißt Ina und ist elf Jahre jünger als ich. Und ich habe noch einen jüngeren Bruder ...»

Ich hatte den Eindruck, als würde ich mein Leben noch einmal neu entdecken.

Der telefonische Informationsaustausch und die Vorbereitungen für unsere Reise dauerten noch einige Wochen. Ina rief mit ihren Fragen und Hinweisen bei Mariusz an, der sie an mich weiterleitete. Nach Rücksprache mit Ania nahm ich wiederum Kontakt mit ihm auf und er richtete es Ina aus. Wir verabredeten uns für den letzten Samstag im August.

Vier Monate, nachdem ich herausgefunden hatte, dass ich kein Einzelkind war, sondern mehrere Geschwister hatte, sollte ich sie endlich kennen lernen! Meine Aufregung wurde immer größer.

Offensichtlich ging es meinen Geschwistern ähnlich, denn Mariusz erzählte mir, dass sie fast ein bisschen Panik bekommen hatten, als er ihnen gegenüber erwähnte, dass ich Pastor sei, weil sie sich fragten, wie sie so jemanden empfangen sollten. Ich musste lachen, als ich das hörte, aber Mariusz beruhigte sie mit dem Hinweis, dass ich ein ganz normaler Mensch sei.

Unsere Koffer waren bereits gepackt, doch die Auswahl der Geschenke gestaltete sich nicht so einfach. Wir hatten keine Ahnung, was meine Geschwister mochten, und seit der Wiedervereinigung quollen ihre Geschäfte vor schönen Dingen nur so über.

Kurz vor der geplanten Abfahrt kam Ania höchst zufrieden von Besorgungen aus der Stadt zurück. Sie hatte einige Packungen «Prince Polo»-Waffeln gekauft.

«Natürlich! Warum bin ich nicht schon eher darauf gekommen?! Sie sind typisch für Polen, und alle lieben sie. Ich muss gerade daran denken, wie Basia sich immer über polnische Süßigkeiten freut.»

Während der Reise nach Deutschland erinnerten wir uns an frühere Zeiten: leere Regale, Waren «unterm Ladentisch», Schwierigkeiten bei der Pass-Ausstellung und Ähnliches. Ich wusste, dass Ania versuchte, mich abzulenken, doch mit jedem Kilometer, der uns meiner Familie näherbrachte, schlug mein Herz schneller.

Bald hatten wir die Grenze passiert und überlegten, wie das Kennenlernen wohl verlaufen würde.

Ich hatte schon viele Nächte lang unzählige Fragen in mir hin und her bewegt: Sehe ich meinen Geschwistern ähnlich? Werden wir uns gleich erkennen? Sind Geschwister durch irgendetwas besonders miteinander verbunden, so dass sofort alle Barrieren fallen und selbst die Sprache kein Problem darstellt?

Ania hatte kein einfaches Verhältnis zu ihren Geschwistern, weil sie in ihrer Kindheit getrennt worden waren. Mit ihrer Adoptivschwester vertiefte sich der Kontakt erst viele Jahre nach unserer Hochzeit.

Wir hatten mit Mariusz vereinbart, uns zunächst mit ihm an einer Tankstelle am Stadtrand zu treffen. Auf der Toilette zog ich meinen besten Anzug an und band mir eine Krawatte um, denn bei diesem ersten Treffen wollte ich elegant aussehen.

Es war im Vorfeld nicht möglich gewesen, die Fahrtzeit genau abzuschätzen, deshalb kamen wir leicht verspätet beim

Haus meiner Schwester an. Wir überprüften noch einmal die Adresse und hielten auf dem Gehweg an.

Irgendein Mann kam schnellen Schrittes die Straße entlang. Wir waren gerade ausgestiegen, als er uns auch schon ansprach.

«Hans?», fragte er.

«Ja ...?»

Ich zögerte einen Moment, nickte aber sofort, als mir bewusst wurde, dass ich für meine deutsche Familie ja Hans hieß.

«Ich bin Horst, der Schwager», stellte er sich vor und umarmte uns herzlich. Ich verstand, dass er Inas Mann war.

Er klingelte an der Türsprechanlage, woraufhin eine hübsche brünette Frau mit Brille in der Tür auftauchte. Wir schauten uns einige Sekunden lang an, wonach wir uns gegenseitig mit dem Freudenschrei «Ina!» und «Hans!» in die Arme fielen.

Für einen Moment konnte keiner von uns ein Wort sagen. Wir weinten und lachten im Wechsel.

Meine Schwester ... meine Schwester!, wiederholte ich pausenlos in Gedanken.

«Als ich dich gesehen habe, war mir sofort klar, dass ihr Geschwister seid», sagte Ania, während sie Ina umarmte.

Mariusz übersetzte ihre Worte.

Als kurz darauf ein junger Mann herbeigeeilt kam, der mir unwahrscheinlich ähnlich sah, aber um einige Jahre jünger war als ich, hatte keiner von uns einen Zweifel, dass es mein jüngerer Bruder Gerd war. Wir fielen uns in die Arme und weinten vor Ergriffenheit.

«Das ist unglaublich, seht mal, die gleichen Augen, dieselbe Nase, und sogar die Hände!», rief Ina, während alle uns anschauten und miteinander verglichen. «Nur dass Hans dunkle Haare hat und Gerd blond ist», kommentierte jemand.

Langsam gewöhnte ich mich daran, dass ich Hans für sie war, und begann, auf diesen Namen zu reagieren.

«Und der Pony! Das gibt es doch gar nicht, er liegt bei beiden identisch, sogar diese Strähne», lachte Ina, während sie Gerd leicht durch den Pony fuhr.

«Ja, meine Mutter hat immer mit ihm gekämpft», bestätigte ich.

«Das hat unsere auch die ganze Zeit», lachte Gerd und strich sich die Haare aus dem Gesicht. In dieser Bewegung glich er mir wie mein eigenes Spiegelbild.

«Ich musste früher immer einen Kamm bei mir haben.»

«Ich auch, aber das hat nicht viel geholfen.»

Inzwischen lachten wir alle.

«Selbst euer Lachen ist dasselbe», bemerkte Horst, dem die anderen beipflichteten.

Als Ina uns ins Haus einlud, sahen wir einen Mann, der in unsere Richtung gelaufen kam.

«Hans, Hans!», rief er schon von weitem.

Ich konnte mir denken, dass das mein zwei Jahre älterer Bruder Ulrich war. Er stürzte sich geradezu auf mich und umarmte mich fest.

Wieder verschlug es uns für einen Augenblick die Sprache.

«Du bist nach Hause zurückgekehrt ... Brüderchen», sagte er voller Rührung.

Sogar Mariusz fiel es in diesem Moment schwer, die Tränen zurückzuhalten.

«Ist das mein neuer Schwager?», begrüßte mich Brigitte, Ulrichs Frau, die kurz nach ihm dazukam.

«Ja, das bin ich», bestätigte ich und umarmte sie herzlich, «auch wenn ich nicht behaupten würde, dass ich so ‹neu› bin. Ein paar Jahre habe ich schon auf dem Buckel, wenn auch tatsächlich erst eine kurze Zeit als Schwager!» Ich lachte, und als Mariusz geduldig alles ins Deutsche übersetzt hatte, stimmten auch die anderen mit ein.

Wir gingen ins Haus, und Horst zeigte uns die verschiedenen Zimmer. Anschließend setzten wir uns an den Tisch, um gemeinsam Mittag zu essen.

«Ich wollte ein typisch deutsches Gericht kochen, deshalb habe ich einen ‹Falschen Hasen› gemacht», verkündete Ina, als sie die dampfende Fleischplatte hereintrug.

«Das ist Hackfleisch, das in der Form eines länglichen Brotlaibs gebraten wird», erklärte uns Mariusz. «Dazu passen Knödel und Krautsalat, so wie Ina es vorbereitet hat.»

«Dafür haben wir euch etwas Typisches aus unserem Land mitgebracht: die wohl besten polnischen Waffeln.»

Wir händigten jedem eine Packung aus, natürlich auch Mariusz.

«Danke! Ich kenne sie! Solche Waffeln bekommst du in Deutschland nicht!», riefen alle durcheinander, und wir wussten, dass wir mit unserem Geschenk ins Schwarze getroffen hatten.

Kurz nachdem wir mit dem Essen begonnen hatten, lobte jeder das wohlschmeckende Gericht, das Ina gekocht hatte. Vor lauter emotionaler Aufregung hatte ich jedoch kaum Hunger. Das Gespräch bei Tisch war so lebhaft, als würden wir uns seit langem kennen. Die gegenseitigen Fragen überschlugen sich nahezu, und ich bewunderte Mariusz, der die ganze Zeit übersetzte und dadurch selbst kaum Gelegenheit hatte, das Essen zu genießen.

«Weißt du, wie erschrocken ich war, als Mariusz zum ersten Mal anrief?», erzählte Brigitte. «Ulrich kam von der Arbeit nach Hause und hatte einen so veränderten Gesichtsausdruck, dass ich dachte, ihm wäre gekündigt worden. Als ich ihn fragte, was passiert sei, sagte er: ‹Mein verschwundener Bruder hat sich gemeldet und sucht uns.› – Wir konnten es einfach nicht glauben!»

«Dabei war das eigentlich der Moment, auf den wir so viele Jahre gewartet hatten, man kann sagen, unser Leben lang», bestätigte Ulrich bewegt. «Ich war zwar zu klein, um mich an dich zu erinnern, aber Mama hat erzählt, wie du in der Wiege lagst, wir drei drum herum standen und verschiedene lustige Grimassen zogen, um dich zum Lachen zu bringen, und dass du immer darauf reagiert hast.»

«Weißt du, wie es gekommen ist, dass ihr Gleiwitz verlassen habt und ich zurückgeblieben bin?», fragte ich.

«Nur aus Erzählungen von Mama. Mir selbst ist von damals leider nichts im Gedächtnis geblieben. Die deutschen Truppen haben im Osten immer größere Verluste einstecken müssen. Papa wurde gefangen genommen und in ein sowjetisches Arbeitslager gebracht, so dass Mama plötzlich allein für die Versorgung von uns vieren verantwortlich war.

Die russische Armee näherte sich Schlesien immer mehr, deshalb wollte Mama uns um jeden Preis retten. Im Spätherbst ergab sich eine Gelegenheit, als irgendwelche entfernten Verwandten planten, sich von Gleiwitz aus in Sicherheit zu bringen. Mama flehte sie an, uns drei, das heißt Karl, Martin und mich, mitzunehmen und bei ihrer Mutter in der Nähe von Leipzig abzugeben.

Sie selbst ist noch in Gleiwitz geblieben, aber ich weiß nicht, warum. Vielleicht war sie krank oder wollte so lange wie möglich mit dir zusammen sein. Du warst erst ein paar Monate alt, und so eine Reise wäre absolut nichts für dich gewesen. Damals herrschte ein schrecklich eisiger Winter.

Mama konnte den Moment ihrer Flucht irgendwann nicht länger hinauszögern und gab dich in einem Kinderheim ab. Sie hat immer wieder gesagt, dass sie das in der Hoffnung getan hat, dich schon bald wiederzusehen und nach Hause zu holen, sobald Papa aus der Gefangenschaft zurückkehren würde.»

«Als Janek von der Adoption erfahren hat, dachte er, dass seine Mutter ihn im Stich gelassen hat», sagte Ania.

«Nein, auf keinen Fall!», widersprach Ulrich. «Sie hat so oft betont, dass sie das nicht tun wollte, aber keinen anderen Ausweg gesehen hat, um dein Überleben zu sichern.»

«Als eine Bekannte den Brief von Ann Elisabeth übersetzt hat» – ich war mir nach wie vor unschlüssig, wie ich von meiner leiblichen Mutter sprechen sollte –, «habe ich verstanden, dass sie mich nicht leichtfertig zurückgelassen hat, sondern dass sie durch irgendetwas zu diesem Schritt gezwungen wurde.»

«Ja, Mama hat oft gesagt, dass sie darunter gelitten hat, dich nicht mitnehmen zu können, aber sie konnte es nicht anders machen», bestätigte Ina. «An deinem Geburtstag hat sie immer von dir gesprochen.»

«Sie erzählte, dass die letzten Monate des Kriegs schrecklich waren», ergänzte Ulrich. «Die Menschen waren unterernährt, ausgemergelt und standen unter Schock. Irgendwie hat Mama es geschafft, nach Leipzig zu kommen, doch sie hat nie von Einzelheiten dieser Reise erzählt. Einige Zeit später kam auch unser Vater zurück, und sie machten sich auf die Suche nach uns.

Karl war damals acht Jahre alt, Martin fünf. Beide waren im Kinderheim, wobei Martin nach kurzer Zeit von einer Familie aufgenommen wurde, die ihn sehr liebte und in der er sich wohlfühlte. Ich war fast vier und ebenfalls in einer Pflegefamilie untergekommen. Daran habe ich allerdings keinerlei Erinnerungen mehr.

Sie wollten auch dich wiederfinden, aber das stellte sich als unmöglich heraus, weil Gleiwitz plötzlich zu Polen gehörte. Es war insgesamt eine schwere Zeit, wir litten des Öfteren Hunger, denn auf die Leute, die aus dem Osten hier angesiedelt worden waren, hatte in Deutschland keiner gewartet, auch wenn darüber nicht öffentlich gesprochen wurde.

«Entschuldige, dass ich unterbreche», sagte Ina. «Ich schlage vor, dass wir jetzt einen Kaffee trinken und dann ... zu unseren Eltern gehen, in Ordnung?», fragte sie.

Es war, als hätte sie meine Gedanken gelesen. Genau dorthin hatte ich gehen wollen.

«Ich mag keine Friedhöfe», bemerkte Ulrich, als wir durch das leicht rostige, geschmiedete Tor traten.

«Aber ich mag sie ... besonders solche alten wie den hier. Dieser Ort bringt einen dazu, über den Sinn des Lebens nachzudenken. Da überlegt man unweigerlich, wozu man eigentlich auf der Welt ist. Unsere Zeit ist schnelllebig, und wir denken nicht viel darüber nach, doch auf einem Friedhof kann man innehalten und sich mit der Frage auseinandersetzen, wofür man lebt, wohin man unterwegs ist und was danach kommt. Selbst diejenigen, die nicht an ein Leben nach dem Tod glauben, beginnen sich am Ende ihrer Tage zu fragen, ob es nach dem Tod vielleicht doch etwas gibt. Sie wollen, dass das Sterben nicht das Letzte ist.»

Sie sahen mich aufmerksam an.

«Ich weiß nicht, wie es euch geht», wandte Ina sich an die anderen, «aber ich würde mich gern irgendwann einmal näher mit dir darüber unterhalten.»

«Dazu wird es sicher noch viele Gelegenheiten geben», antwortete ich, während mir zum ersten Mal sehr deutlich bewusst wurde, was für ein Vorrecht es für mich war, in einer Familie aufgewachsen zu sein, in der über Gott gesprochen und an ihn geglaubt wurde.

«Schade, dass Martin und besonders Karl das nicht mehr erlebt haben. Sie hätten sich so über unser Treffen gefreut», bemerkte Gerd. «Karl ist erst vor knapp einem Jahr gestorben.

Er wurde in Westdeutschland begraben, wo er gelebt hat. Er konnte sich als Einziger genau an dich erinnern.»

«Ich bedauere es auch sehr, dass wir uns nur um so kurze Zeit verpasst haben ...», flüsterte ich und spürte, wie die Tränen in mir aufstiegen. «Und was ist mit Martin passiert?»

Keiner sagte ein Wort.

«Ist das irgendein Geheimnis ...?», fragte ich etwas verunsichert.

«Ehrlich gesagt, weiß niemand, was genau passiert ist», seufzte Ina.

«Er wurde tot in seiner Wohnung aufgefunden. Der Arzt sagte, dass er sich das Leben genommen habe, aber ...», ergänzte Gerd langsam.

«So etwas hätte er niemals getan ...» Ina schluckte. «Einige Wochen vor seinem Tod erwähnte er einmal, dass er Angst habe, weil er ihnen die Zusammenarbeit verweigert habe.»

«Ihnen?»

Ich wusste nicht, von wem sie sprach.

«Der Stasi[13], der allmächtigen Geheimpolizei, die mit ihren Fangarmen das ganze Land in der Gewalt hatte. Höchstwahrscheinlich haben sie ihn umgebracht und es dann als Selbstmord hingestellt ...»

Ina wischte sich die Tränen von den Wangen.

Ania legte ihren Arm um mich.

«Gut, dass du wenigstens deine anderen Geschwister kennen lernen konntest», flüsterte sie.

---

[13]Kurzwort für das Ministerium für Staatssicherheit, auch «Staatssicherheitsdienst» genannt. In der Deutschen Demokratischen Republik (DDR) zugleich Nachrichtendienst und Geheimpolizei, fungierte als Machtinstrument der «Sozialistischen Einheitspartei Deutschlands» (SED). Gründung: 8. Februar 1950, Auflösung: 13. Januar 1990.

«Es ist unglaublich ... Wir sehen uns zum ersten Mal im Leben, doch ich habe das Gefühl, dass sie mir vollkommen vertraut sind», antwortete ich ebenso leise, obwohl uns sowieso niemand verstehen konnte.

Ina war weitergegangen und winkte uns zu sich. Wir kamen an ein Grab, das mit einer einfachen Marmorplatte bedeckt war.

«Ann Elisabeth und Georg Robert», las ich.

Meine Eltern ... die, die mir das Leben geschenkt hatten, deren Blut in meinen Adern floss und deren Gene in jeder meiner Zellen waren. Ich betrachtete ihre Geburts- und Todesdaten. Seit Mamas Tod waren zwanzig Jahre vergangen. Papa hatte vierzehn Jahre länger gelebt.

Neben ihnen war Martin begraben, mein vier Jahre älterer Bruder. Ein Jahr vor dem Tod unserer Mutter war er auf tragische Weise ums Leben gekommen. Also ist ihr auch dieser Schmerz nicht erspart geblieben ...

Ich hatte meine Eltern nie kennen gelernt, fünfzig Jahre lang hatte ich nicht einmal von ihnen gewusst, und dennoch gäbe es mich ohne sie nicht auf dieser Welt ... Mein Innerstes war zutiefst bewegt.

«Mama war fest davon überzeugt, dass du eines Tages auftauchen würdest», sagte Ina leise. «Selbst als sie im Sterben lag, glaubte sie das noch. Sie hat ihr Leben lang darauf gewartet, und jetzt hat sich ihre Sehnsucht erfüllt.» Sie versuchte, die Tränen zu verbergen, und schmiegte sich an meinen Arm.

Langsam machten sich alle auf den Weg Richtung Ausgang und ließen mich eine Weile allein.

«Mama, ich danke dir ... und dir, Papa, auch ...», flüsterte ich, bevor ich das Grab verließ.

Auf dem Weg zum Abendessen besichtigten wir das Städtchen, in dem meine Eltern und Geschwister den größten Teil ihres Lebens verbracht hatten.

«Hier sind wir in die Schule gegangen, hier in den Kindergarten ... In diesem Block hat eine sehr gute Freundin von Mama gewohnt ... Und hier ist das Geschäft, wo wir immer einkaufen gingen ... Daneben das Ärztehaus, und dort weiter hinten ...», sie zeigten auf das nächste Gebäude, während ich mich fragte, wie mein Leben verlaufen wäre, wenn ich meiner biologischen Familie zurückgegeben worden wäre. Wer würde ich heute sein?

Meine Mose-Geschichte

Abends kamen wir alle noch einmal bei Ina und Horst zusammen.

«Wer möchte einen Kaffee?», fragte Horst, als Ania, Ina, Mariusz und ich Familienfotos anschauten und jeder meiner Geschwister etwas von der Familiengeschichte erzählte.

«Wo hast du Mamas Brief eigentlich gefunden? Wirklich hinter einem Bilderrahmen?», fragte Gerd.

«Ja, es war ein Porträt meines Vaters. Nach seinem Tod habe ich seine Sachen sortiert und die Wohnung leer geräumt. Ania und ich wollten das Porträt ins Fotoalbum kleben, deshalb habe ich es aus dem Rahmen genommen. Unter der Pappe war der Umschlag mit den Adoptionsunterlagen. Ich weiß nicht, ob ihr euch vorstellen könnt, was für ein Schock das für mich war!»

«Bist du vorher noch nie auf den Gedanken gekommen, dass du adoptiert sein könntest? Hat keiner je etwas in dieser Richtung angedeutet?»

«Zumindest nicht offen, obwohl mir erst jetzt bewusst wird, dass es in meiner Kindheit gewisse Hinweise gab. Eine Nachbarin hat mich einmal ‹Findling› genannt, doch Mama erklärte mir damals, dass die Frau mich nur ärgern wollte. Ein anderes Mal hat sich die Mutter eines Freundes verplappert und mich nach meinen biologischen Eltern gefragt, aber als sie bemerkte, dass ich nicht verstand, was sie meinte, entschuldigte sie sich und erklärte schnell, dass sie mich mit jemandem verwechselt habe.»

«Ich habe zwar auch Gemunkel darüber gehört, doch als ich Janeks Mutter darauf ansprach, war sie so entgeistert, dass ich mir sicher war, dass es nur Gerüchte gewesen sein können», fügte Ania hinzu.

«Diesen Umschlag, der in dem Bilderrahmen versteckt war, habe ich zum ersten Mal zufällig gefunden, als ich achtzehn Jahre alt war. Damals hat Papa ihn noch in seinem Schreibtisch aufbewahrt.»

«Und das hat dir nicht zu denken gegeben?! Hast du deine Eltern nicht danach gefragt, was das zu bedeuten habe?», wunderte sich Ina.

Auch die anderen schauten mich abwartend an.

«Ich wäre der Sache garantiert auf den Grund gegangen!», stellte Ulrich entschieden fest.

«Nach langem Zögern habe ich Papa darauf angesprochen, aber er hat mir keine Antwort gegeben, sondern eine Gegenfrage gestellt. Er war für viele in der Gemeinde eine Vertrauensperson, deshalb dachte ich, dass er nur fiktiv meinen Namen dort eingesetzt hatte. Der Gedanke, dass ich adoptiert worden sein könnte, schien mir so vollkommen abwegig, dass ich ihn unbewusst wahrscheinlich gar nicht in Erwägung ziehen wollte», erklärte ich. «In diesem Alter war ich außerdem mit so vielen anderen interessanten Dingen beschäftigt, dass ich nicht lange darüber nachgedacht habe. Erst nach einiger Zeit hat es mir keine Ruhe mehr gelassen.»

«War auch Mamas Brief in diesem Umschlag?»

«Ja, ansonsten hätte ich wahrscheinlich keine Chance gehabt, euch zu finden. Eigentlich hat Ania mich als Erste dazu ermutigt, mich auf die Suche nach euch zu machen. Mariusz, mein wunderbarer Cousin, hat in Windeseile Nachforschungen in die Wege geleitet und euch ausfindig gemacht.»

Ich klopfte Mariusz dankbar auf die Schulter.

«Hast du nur diesen einen Brief gefunden?», erkundigte sich Ina.

«Ja. Gab es denn noch mehr?»

«Mama hat einmal gesagt, dass der Briefwechsel ziemlich lange ging. Deine Eltern haben jedoch kategorisch jegliche Zustimmung zu deiner Rückkehr verweigert. Ich kann das natürlich nicht wortwörtlich zitieren, aber sie haben geschrieben, dass sie verstehen, wie schmerzhaft das für Mama sein müsse und dass es ihnen unendlich leid tue, doch dass sie im Kinderheim die Information erhalten hätten, dass du ein Waisenkind seist. Sie würden dich wie ihr eigenes Kind lieben und könnten sich ein Leben ohne dich nicht mehr vorstellen.

Sie versicherten Mama, dass es dir bei ihnen gut gehe, dass sie eine Eigentumswohnung hätten, die du einmal erben würdest, und sie baten sie, dich nicht weiter zu suchen, weil du nichts von der Adoption wissen würdest und das Ganze ein großer Schock für dich wäre. Unsere Eltern haben nie eure Adresse bekommen, weil alle Briefe über den Leiter des Kinderheims gingen.»

«Aber ist denn keiner dieser Briefe erhalten geblieben?», fragte ich.

Ich hätte viel dafür gegeben, sie lesen zu können.

«Nein, ich habe sie nie zu Gesicht bekommen. Auch als ich nach ihrem Tod die Wohnung aufgelöst habe, sind sie nirgends aufgetaucht. Mama hat sie wahrscheinlich vernichtet, als klar war, dass sie dich nicht zurückbekommen würde.»

«Man kann sich kaum vorstellen, wie schwer das für beide Seiten gewesen sein muss ...», stellte Ania fest. «Als wir von Janeks Adoption erfuhren, habe ich eine befreundete Rechtsanwältin in dieser Sache befragt. Sie sagte, dass eine Adoption heutzutage ein sehr komplizierter und langwieriger Prozess sei, doch damals oft schon innerhalb von einer Woche erledigt war.

Eines hat sich allerdings nicht geändert: die Gesetzeslage in unserem Land begünstigt nach wie vor nicht, dass die Wahrheit ans Licht kommt. Das wird damit begründet, dass es im persönlichen Interesse des Kindes und der Eltern sei. Dabei soll doch in Wirklichkeit immer nur irgendetwas vertuscht werden: Unfruchtbarkeit, Schuldgefühle ...»

«Ich kann eure Empörung verstehen, doch seitdem ich von all dem erfahren habe, muss ich sehr viel darüber nachdenken», sagte ich. «Ich weiß, dass egal, in welcher Familie ich geblieben wäre, irgendeine Seite gelitten hätte. Für meine Eltern in Polen war ich das einzige und über alles geliebte Kind, und wie meine Tante sagte, hätten sie es nicht überlebt, wenn ich ihnen wieder weggenommen worden wäre. Aber ich kann ebenso gut nachvollziehen, wie schmerzhaft es für Mama Elisabeth und Papa Georg gewesen sein muss.»

Für längere Zeit sagte keiner ein Wort.

«Mama sagte es folgendermaßen», brach Ina schließlich das Schweigen. «Als feststand, dass deine polnischen Eltern dich nicht hergeben würden, haben sie sozusagen einen Ersatz für den Verlust bekommen, weil Mama noch einmal schwanger wurde. Es kam ihr fünfter Sohn zur Welt, und sie gaben ihm deinen Namen: Hans ... Leider lebte er nur einen einzigen Tag.»

«Das muss furchtbar für sie gewesen sein ...»

«Zweifellos ja, doch ... es mag eigenartig klingen, für Mama war es eine noch stärkere Bestätigung, dass du eines Tages wieder auftauchen würdest, denn dann hätte es nicht zwei Söhne mit demselben Namen geben können.»

«Sie schien tatsächlich einen tiefen Glauben daran gehabt zu haben», stellte Ania fest.

«Ja, sie hielt die ganze Zeit daran fest und gab die Hoffnung nicht auf. Einige Jahre später erhielt sie eine zweifache Entschädigung, wenn man das so nennen kann, denn sie bekam noch Gerd und mich. Dabei war Mama mit ihren über vierzig Jahren nicht mehr die Jüngste.»

«Du hättest ihre Freude sehen sollen, als sie nach sechs Söhnen endlich eine Tochter zur Welt brachte! Ich war damals dreizehn Jahre alt und kann mich noch genau daran erinnern!», lachte Ulrich. «Mama und Papa haben sie wie eine Prinzessin behandelt und schrecklich verwöhnt.»

«Gar nicht wahr!», protestierte Ina gespielt empört.

Sie neckten sich wie kleine Kinder, und ich bemerkte, wie eng sie miteinander verbunden waren und wie liebevoll ihr Umgang untereinander war. Ähnlich hatten sich auch unsere Söhne gegenseitig auf den Arm genommen. Manchmal hatte ich das Problem, dass ich am liebsten dazwischengegangen wäre, wenn sie einander provozierten und mir das unfreundlich oder böse vorkam, aber Ania beruhigte mich immer damit, dass das normal sei.

«Du bist ein Einzelkind und verstehst das nicht», hatte sie mir erklärt.

«Leider ist Mama kurz nach meinem neunzehnten Geburtstag gestorben. Viel zu früh ...», seufzte Ina.

«Sie war erst Anfang sechzig», fügte Gerd hinzu. «Ich war einundzwanzig und habe nicht mehr zu Hause gewohnt, aber Ina lebte mit den Eltern noch unter einem Dach und hatte eine sehr enge Beziehung zu ihnen.»

«Eltern sterben immer zu früh ...», sagte ich nachdenklich. «Selbst wenn sie schon in einem fortgeschrittenen Alter sind. Mein Vater ist erst vor vier Monaten gestorben, und mir fällt es immer noch schwer, mich damit abzufinden.»

«Du hast Recht», stimmte Ulrich mir zu.

Die anderen nickten.

«Insgesamt wart ihr also … sieben», zählte Ania.

«Ja, aber es ist ungerecht, dass unsere Eltern so viele Tragödien erleben mussten! Ich bin der Meinung, dass deine polnischen Eltern dich trotz allem hätten zurückgeben müssen», sagte Horst, der seinen Unmut darüber nicht verbergen konnte.

«Es gelingt im Leben nicht immer, über alles die Kontrolle zu haben, Horst.»

Ich legte den Arm um meinen Schwager.

«Es gibt Dinge, die wir nicht in der Hand haben. Mit manchem müssen wir uns einfach abfinden, sogar dann, wenn es uns ungerecht erscheint.»

«Weißt du, wenn ich dir so zuhöre, wird mir bewusst, dass wir diese Situation bisher ausschließlich aus *unserer* Perspektive betrachtet haben. Wir waren davon überzeugt, dass diese Leute … dass deine Eltern … grausam waren, weil sie dich nicht zurückgeben wollten», bemerkte Ulrich.

«Es kam uns so einfach vor …», erklärte Ina. «Wir hatten leicht reden damit, dass sie Hans hätten wieder abgeben müssen. Dabei wissen wir gar nicht, wie das für ihn gewesen wäre. Er wäre in ein neues Land gekommen, dessen Sprache er nicht kannte, umgeben von fremden Leuten … Unsere Eltern haben nie darüber geredet, aber einmal, kurz bevor Mama starb, erzählte sie mir, wie unterschiedlich das Wiedersehen mit den ersten drei Söhnen nach dem Krieg verlief:

Karl konnte sich noch gut an sie erinnern und freute sich sehr darüber, wieder bei den Eltern zu sein. Martin dagegen wollte nicht zu ihnen zurück, weil er sich in der Pflegefamilie gut eingelebt hatte und wie zu Hause fühlte. Noch schlimmer war es mit dir, Ulrich. Wahrscheinlich weißt du das gar nicht mehr, aber Mama sagte, dass du lange hysterisch geschrien und danach noch nächtelang geweint hast, nachdem sie dich aus der Pflegefamilie mit nach Hause genommen hatten. Du hattest diese Leute inzwischen als deine Eltern betrachtet.

Für Mama war das so traumatisch, dass sie im Blick auf Hans zwar an das Kinderheim in Gleiwitz schrieb, aber nicht um jeden Preis darauf bestand, dass er ihnen zurückgegeben wurde.»

«Obwohl ich dich nie kennen gelernt habe, weil ich fast zehn Jahre nach dir auf die Welt gekommen bin, hegte ich die ganze Zeit Groll gegen deine Adoptiveltern in meinem Herzen. Aber jetzt versuche ich zu verstehen, was sie bewegt haben könnte», wandte Gerd ein.

«Ich weiß, wovon sie geleitet wurden ... es war die Liebe.» Ich war so bewegt, dass ich kaum sprechen konnte.

«Ich bin mir sicher, dass sie von der Liebe angetrieben wurden, ähnlich wie Elisabeth und Georg. Ich arbeite mit Menschen und habe viele verschiedene Lebensgeschichten gehört. Unzählige Male habe ich von der wunderbaren Liebe erzählt, die Gott zu uns hat. Aber gerade diese Liebe brachte Gott auch das größte Leid ein. Der Schmerz, den er empfunden hat, als er seinen Sohn, Jesus, für uns geopfert hat, lässt sich mit Worten nicht beschreiben. Elisabeth und Georg haben ansatzweise einen solchen Schmerz erlebt. Ich denke seit einigen Wochen intensiv darüber nach. Und ich bin mir immer sicherer, dass das, was passiert ist, Teil von Gottes Plan war.»

«Plan?! Weißt du, wir sind nicht religiös ...» Horst war deutlich verlegen.

«Wir gehen selten in die Kirche, eigentlich nur zu Beerdigungen oder Hochzeiten.»

«Es geht nicht um Religiosität, sondern um ein Leben in der Beziehung zu Gott, um das Vertrauen zu ihm als Vater», erklärte ich. «Gott will, dass wir eine persönliche Verbindung zu ihm haben, die Einfluss auf unser tägliches Leben hat.»

«Ehrlich gesagt verstehe ich nicht viel davon ... In der DDR war Frömmigkeit nicht besonders angesehen. Wenn du eine gute Arbeit wolltest, musstest du auf Religion verzichten. Deshalb ist Gott uns eher ... fremd», warf Gerd ein.

«Vielleicht habe ich euch ja deswegen wiedergefunden?»

«Aber wo war denn dein liebender Gott, als dieser schreckliche Krieg ausgebrochen ist, in dem so viele Menschen ihr Leben verloren haben und der so großes Unglück über uns gebracht hat?», unterbrach mich mein Schwager.

«Horst, es war nicht Gott, der für den Krieg verantwortlich war. Es waren Menschen, die sich für Götter gehalten haben. Die Menschen haben Gott vergessen, nicht er sie. Sie haben sich über Gott gestellt.»

«Aber dieser Gott hätte sie aufhalten können, wenn es ihn wirklich geben würde!»

«Das hätte er zweifellos tun können, allerdings sind wir nicht seine Marionetten. Wir entscheiden selbst, was wir wählen. Im Alten Testament steht geschrieben, was Gott zum Volk Israel gesagt hat: ‹Ich habe dir heute Leben und Tod vorgelegt, Segen und Fluch. Wähle das Leben, damit du am Leben bleibst, du und deine Nachkommen!› Die Menschen haben sich für den Tod entschieden und mussten die bitteren Konsequenzen dessen tragen.»

«Aber es waren doch nicht alle schuldig!»

Dieses Mal widersprach Ulrich.

«Unsere Eltern waren keine Nazis. Sie haben oft betont, dass sie gegen diesen Krieg waren.»

«Natürlich waren nicht alle schuldig», bestätigte ich. «Doch leider ist es in vielen Fällen so, dass nicht nur wir selbst die Konsequenzen für unser Verhalten tragen. Sie beeinflussen auch das Leben von anderen. Bei einem Krieg sind diese Folgen entsetzlich. Der Tod gebiert Tod ... Die Menschen haben auf beiden Seiten der Front gelitten, sowohl die Soldaten als auch die Zivilisten. Diesem Krieg sind über sechzig

Millionen Menschen zum Opfer gefallen! Das war eine unvorstellbare Tragödie.»

«Hans, als was siehst du dich selbst jetzt eigentlich: als Pole oder als Deutscher?», wollte meine Schwägerin wissen.

«Gute Frage, ich habe auch schon darüber nachgedacht ...» Ich sah sie aufmerksam an. «Ich wurde als polnischer Patriot großgezogen. Meine Eltern haben während des Kriegs unter Lebensgefahr geheime Gottesdienste auf Polnisch organisiert, obwohl das streng verboten war. Die Polen haben vonseiten der Deutschen unglaublich gelitten, und plötzlich erfahre ich, dass ich selbst gar kein Pole bin und mein biologischer Vater sogar gegen Polen gekämpft hat. Bedeutet das, dass der eine Vater gut und der andere schlecht war? Das ist schrecklich kompliziert ...»

«Das ist wirklich keine einfache Situation.»

«Ich bin eine polnisch-deutsche Mischung», fasste ich zusammen. «Zwei in einem ... dennoch glaube ich, dass Gott keinen Fehler gemacht hat. Wenn ich als Baby mit euch geflohen wäre, würde ich heute mit Sicherheit nicht der sein, der ich bin.»

«In der DDR hatten Geistliche auf alle Fälle kein leichtes Leben.»

«In Polen auch nicht, insbesondere in der ersten Zeit nach dem Krieg. Mein Vater wurde schon vor dem Krieg wegen seines Glaubens verfolgt, aber danach wurde er von der polnischen kommunistischen Regierung ins Gefängnis gesteckt, weil sie ihm vorwarfen, ein Spion für Amerika zu sein, was vollkommen absurd war. Er war sechs Monate hinter Gittern, sein Bruder Andrzej, Mariuszs Vater, sogar fast drei Jahre. Meinen Onkel haben sie fürchterlich gefoltert, aber Gott sei Dank am Ende freigelassen, während viele andere Geistliche ermordet wurden.»

«Hattest du keine Angst davor, in die Fußstapfen deines Vaters zu treten?»

«Nein, vielleicht war ich zu jung, um mich zu fürchten.»
Ich lächelte. «Als ich mein Theologiestudium begann, waren die Zeiten schon besser geworden, auch wenn uns der Sicherheitsdienst die ganze Zeit überwacht hat. Das hat sich verschärft, als das Kriegsrecht ausgerufen wurde. Da könnte Mariusz euch von seiner Flucht aus Polen erzählen. Für mich war es auch nicht einfach, aber ich spürte, dass Gott über mir wachte.»

«Du redest so viel von Gott ...», stellte Ina fest.

«Weil er der Wichtigste für mich ist!»

Ich sah meine Frau an, die bestätigend nickte.

«Ohne ihn hätte unser Leben weder einen Sinn noch ein Ziel. Wir glauben an Gott und daran, dass die Bibel sein Wort ist.»

«Ich habe nie wirklich darin gelesen. Sie kommt mir wie ein altmodisches Buch vor, das nichts mit unserer modernen Zeit zu tun hat.» Brigitte verzog das Gesicht.

«Wenn du anfängst, sie zu lesen, wunderst du dich ganz bestimmt, wie aktuell sie ist! Als ich noch ein Kind war, hat meine Tante mir viele biblische Geschichten erzählt. Die von Mose liebte ich am meisten. Kennt ihr sie vielleicht?»

«Ja, an diese Geschichte erinnere ich mich», bestätigte Ulrich und ergänzte: «Als wir klein waren, hat Mama uns manchmal in die Kirche mitgenommen, wo wir bei der Kinderstunde dabei waren. Mama ist oft zu den Gottesdiensten gegangen, doch später in der Schule ... wurde uns etwas anderes beigebracht. Dort hieß es, dass ein intelligenter Mensch nicht an solche Märchen glaube.»

«Mir ist klar, was für ein Druck auf euch ausgeübt wurde und mit was für Schikanen die gläubige Jugend hier konfrontiert war. Auch im kommunistischen Polen wurde eine antigöttliche Propaganda gestreut. Um eine gute Arbeit, einen Studienplatz oder eine Wohnung zu bekommen, haben sich viele zwar auf dem Papier der Partei angeschlossen, sind aber gleichzeitig weiter in die Kirche gegangen.»

«In der DDR wurde das peinlich genau überprüft, und normalerweise durften Kinder von Geistlichen nicht studieren.»

«Ich schätze es immer mehr, dass ich in Polen aufgewachsen bin. Ich habe die Geschichte von Mose erwähnt, weil mir bewusst geworden ist, dass sie in gewisser Weise mein eigenes Leben darstellt ... Ich sehe eine Ähnlichkeit zwischen der Mutter von Mose, Jochebed, und Elisabeth. Beide haben in ihrer Verzweiflung die Entscheidung getroffen, ihr Kind loszulassen und zu hoffen, dass es am Leben bleiben würde. Sie hatten keinerlei Gewissheit, dass irgendjemand es retten würde, doch sie glaubten, dass Gott ihr Kind beschützte.

Sowohl für Mose als auch für mich kam die Rettung von einer völlig unerwarteten Seite, und zwar vonseiten des Feindes. Bei Mose war es die Tochter des Pharaos, der die Hebräer verfolgte, und bei mir war es eine polnische Familie. Die Pharaostochter erzog Mose wie ihren eigenen Sohn, und auch meine Familie liebte mich wie ihr eigenes Kind, obwohl ich vom Feind geboren worden war.»

«Da gibt es tatsächlich bemerkenswerte Parallelen», bestätigte Ina.

«Ich weiß nicht, wann Mose davon erfuhr, dass er nicht das leibliche Kind der Frau war, die ihn erzogen hatte, beziehungsweise noch schlimmer, als ihm klar wurde, dass er kein Ägypter, sondern der Sohn einer hebräischen Sklavin war. Seine Entscheidung im Alter von vierzig Jahren, seine ‹Brüder› zu besuchen, zeigt, dass ihn diese Tatsache sehr bewegt haben muss. Ich kann ihn vollkommen verstehen. Es ist nicht einfach zu akzeptieren, dass man nicht der ist, für den man sich sein Leben lang gehalten hat. Deshalb hatte ich – ähnlich wie Mose – den großen Wunsch, meine Geschwister zu besuchen. Und das ist mir gelungen!»

«Wir freuen uns wirklich sehr, dass du uns gefunden hast!», versicherte meine Schwester, während meine Brüder mir auf die Schulter klopften.

«Wisst ihr, was mir heute auf dem Friedhof aufgefallen ist? Papa hatte den Zweitnamen Robert, so wie einer unserer Söhne.»

«Vermutlich werden wir im Laufe der Zeit noch viele Ähnlichkeiten zwischen uns entdecken. Im Deutschen gibt es die Redewendung: ‹Etwas mit der Muttermilch aufsaugen›», bemerkte Ina.

«Das sagen wir im Polnischen auch!», rief Mariusz.

«Ich bin mir sicher, dass es viele Dinge gibt, die uns untrennbar miteinander verbinden, obwohl du nur in den ersten Lebensmonaten bei uns warst», schloss Ulrich und umarmte mich herzlich.

«Jetzt haben wir so viel geredet, dass wir völlig vergessen haben, ein gemeinsames Foto zu machen!», stellte Gerd fest.

«Natürlich! Wir müssen auf jeden Fall noch eins machen!», riefen alle durcheinander.

«Horst, hast du einen Fotoapparat?», fragte Ulrich.

«Ja, klar. Ich hole ihn, und ihr könnt euch so lange schon aufstellen. Am besten dort, vor dem Fenster. Hans ganz links ...»

Als das Erinnerungsfoto gemacht war, das zweifelsfrei einen Ehrenplatz neben dem Bild unserer Eltern bekommen würde, sagte Ina:

«Das, was du von Mose erzählt hast, hat mich ziemlich neugierig gemacht. Ich werde die Geschichte in der Bibel suchen. Mama hat mir ihre vererbt.»

«Ich muss auch irgendwo eine Bibel haben», bestätigte Gerd. «Ich befürchte nur, dass ich nicht weiß, wo. Und wahrscheinlich ist das auch irgendeine vorsintflutliche Übersetzung ...»

«Da würde ich euch sehr gern ein Geschenk machen», versicherte ich, als ich ihr Interesse sah. «Ich bin seit vielen Jahren bei der Bibelgesellschaft engagiert und werde jedem von euch eine moderne deutsche Bibelübersetzung schicken.»

Auf dem Heimweg dachten wir voller Emotionen über das Kennenlernen mit meinen Geschwistern nach.

«Nach dem Gespräch mit Ina und meinen Brüdern ist mir noch deutlicher bewusst geworden, dass Gott hinter all dem gestanden hat, was in meinem Leben passiert ist ...», sagte ich zu Ania.

«Nimmst du es deinen Eltern nicht mehr übel, dass sie es dir nicht gesagt haben?»

«Nein. Am Anfang hat mich das alles niedergedrückt, und ich konnte einfach nicht verstehen, dass sie es mir verschwiegen haben ... Auch jetzt verstehe ich nicht alles, aber ich freue mich, dass ich ein Stück weit meiner Geschichte auf den Grund gehen und meine Geschwister kennen lernen konnte. Ich bedaure nur, dass das erst so spät passiert ist. Ich denke, wenn Papa und Mama mir früher davon erzählt hätten, hätten sich unsere beiden Familien kennen lernen und sogar miteinander befreunden können.»

«Ja, mir tut es auch um die verlorenen Jahre leid. Deine Geschwister sind sehr sympathisch», stimmte Ania mir zu.

«Ich habe sie sofort ins Herz geschlossen, aber gleichzeitig hat mich die Frage beschäftigt, wie mein Leben wohl verlaufen wäre, wenn ich nicht adoptiert worden wäre? Wer wäre ich heute?»

«Der Vergleich mit der Geschichte von Mose ist mir sehr nahe gegangen», sagte Ania.

«Obwohl es schwierig ist, sich mit einem der größten Leiter der Weltgeschichte zu vergleichen, verstehe ich langsam immer besser, was Tante Hania mir klarmachen wollte, als ich noch ein Kind war. Sie erklärte mir, dass alles, was Mose begegnet ist, ein bestimmtes Ziel hatte, auch wenn er das erst nach vielen Jahren verstehen konnte.

Wenn er nicht die Ausbildung am Hof des Pharaos bekommen hätte, wäre er nicht auf die Rolle des Leiters eines ganzen Volkes vorbereitet gewesen. Er hätte die Mentalität eines Sklaven gehabt, für den ein Topf mit Fleisch und Zwiebeln das Wichtigste war.

Erinnerst du dich, wie die Israeliten dem in der Wüste nachtrauerten? Sie waren frei, und dennoch klagten sie darüber, dass sie lieber Sklaven wären, aber dafür genug zu essen hätten. Mose dachte anders. Er dachte und handelte wie ein freier Mensch, sicher deshalb, weil er fern von seiner Familie aufgewachsen war.»

«So habe ich das noch nie betrachtet.»

«In den vergangenen Wochen habe ich nachts, wenn ich nicht schlafen konnte, immer wieder die Geschichte von Mose gelesen. Wenn das so weitergeht, werden diese Seiten in meiner Bibel bald durchgescheuert sein», lachte ich.

«Dann kaufe ich dir eine neue», versicherte mir Ania lächelnd.

«Danke, aber meine Bibel ist unersetzlich. Papa hat sie mir geschenkt. Tante Hania hatte mir erzählt, dass Mama und Papa, sobald sie mich aus dem Kinderheim mit nach Hause gebracht hatten, für mich gebetet und mir das Vaterunser beigebracht haben.

Ich konnte es schnell auswendig, aber erst nach meinem dreizehnten Geburtstag habe ich die tiefe Bedeutung dieses Gebets wirklich verstanden. In einem Gottesdienst hörte ich, dass Jesus an dieser Stelle das Wort ‹Abba› verwendet hat, das heißt übersetzt ‹Papa›, ist also eine Bezeichnung voller Wärme, Nähe und Vertrauen.

Der Aufruf von Jesus an uns, Gott mit Abba anzusprechen, hat meine Perspektive völlig verändert. Ich wünsche mir, dass meine Geschwister ähnlich wie ich so eine Nähe zu Gott erfahren und ihn eines Tages ‹Papa› nennen.»

Epilog:
Gottes Wege

Ihr Lieben!

Ich schreibe Euch, um Euch von etwas Besonderem zu berichten. Ich habe lange darüber nachgedacht, im Grunde genommen seit unserem ersten Treffen vor zwei Jahren, aber auch während der folgenden Besuche. Mittlerweile ist die Idee bereits in der Umsetzungsphase. Aber der Reihe nach.

Manchmal scheint es mir, als wenn das alles jemand anderem passiert wäre. Ich bin meinen Adoptiveltern unglaublich dankbar, dass sie mich – ein fremdes Kind – bei sich aufgenommen und wie ihren eigenen Sohn behandelt und mit Liebe umgeben haben. Wie ich von Euch erfahren habe, haben mich auch meine biologischen Eltern zutiefst geliebt. Die Gefühle für mich waren auf beiden Seiten so stark, dass sich die beiden Elternpaare zu einem bestimmten Zeitpunkt sogar um mich stritten und mich einander aus den Händen reißen wollten.

Nehme ich das einer der beiden Seiten übel? Nein, denn ich weiß, dass alle aus Liebe gehandelt haben. Ich bedauere einzig und allein, dass wir uns nicht früher kennen gelernt haben.

Trotzdem bin ich mir sicher, dass mein Leben, wenn ich nicht adoptiert worden wäre, völlig anders verlaufen wäre. Nichts von dem, was geschehen ist, war Zufall.

Jetzt würde ich meine leiblichen Eltern gern ehren, die mich ihr Leben lang vermisst und nie aufgehört haben, an ein Wiedersehen mit mir zu glauben. Deshalb ist es mein Wunsch, meinen – beziehungsweise unseren – deutschen Nachnamen, mit dem ich zur Welt gekommen bin, meinem polnischen Namen hinzuzufügen. Ich habe mich mit diesem Anliegen bereits an das entsprechende Amt gewendet, um meinen Nachnamen in einen Doppelnamen zu ändern und – was Euch sicher am meisten wundern wird – um die deutsche Staatsbürgerschaft zurückzubekommen. Wie ich erfahren habe, ist das möglich, ohne dadurch die polnische Staatsangehörigkeit zu verlieren.

Ich weiß nicht, wann wir das nächste Mal zu Euch kommen können, denn die Formalitäten im Zusammenhang mit der Erstellung der neuen Papiere werden sicher länger dauern. Vielleicht macht sich deshalb jemand von Euch auf den Weg zu uns? Ihr seid herzlich eingeladen! Unser Haus steht Euch immer offen!

In Liebe,
    Hans mit Ania und den Kindern

Lieber Hans!

Wir haben Deinen Brief alle zusammen gelesen und waren sehr bewegt. Wir freuen uns unaussprechlich! Mamas größter Wunsch ist in Erfüllung gegangen: Du bist wieder aufgetaucht und möchtest jetzt bestätigen, dass Du niemals aufgehört hast, ein Teil unserer Familie zu sein. Ich bin nicht in der Lage, mehr zu schreiben ...

Ich liebe Dich, mein Brüderchen!

Deine Ina

PS: Ich lese immer öfter in der Bibel, die Du mir geschenkt hast, und ich fange an zu verstehen, was Du meintest, als Du gesagt hast: «Das alles war Gottes Plan.»

Ich hatte keinen Zweifel: Nichts, was sich in meinem Leben ereignet hatte, war zufällig passiert, sondern von Gott so beabsichtigt.

Meine Mutter hatte Recht behalten: Die Dinge sind nicht immer so, wie sie uns erscheinen.

Nachwort der Autorin

Das Buch «Geliebt. Getäuscht. Gefunden.» ist mein viertes (in deutscher Sprache drittes) Lebensbild, das auf einer wahren Lebensgeschichte beruht. Das inspiriert viele Leser dazu, mir ihre eigene Geschichte oder die Lebensgeschichte eines Nahestehenden zu erzählen. So war es auch mit diesem Werk.

Mein Mann und ich waren bei einem Pastor eingeladen, der während des Abendessens zu mir sagte: «Ich habe ein Thema für dein nächstes Buch!» Dann begann er mir die Geschichte von seinem bereits pensionierten Vorgesetzten zu erzählen, den ich Janek nannte. Gleich am nächsten Tag schrieb ich ihn an und erhielt die Genehmigung, seine Lebensgeschichte einem weiteren Lebensbild zugrunde zu legen.

Wir hatten während der ganzen Zeit der Buch-Entstehung E-Mail-Kontakt und lernten uns dann bei der Veröffentlichung des Buches persönlich kennen.

Zahlreiche Leser fragen, wie es möglich ist, dass Janek so lange die Tatsache beiseiteschieben konnte, dass er adoptiert wurde, obwohl viele Signale stark darauf hinwiesen. Während des Schreibens war das auch meine Frage an ihn.

Er sagte, dass er es einfach nicht glauben *wollte*. Er verdrängte es, ignorierte jegliche Hinweise und erklärte sie sich andauernd so, dass seine Welt möglichst nicht ins Wanken geriet. Umso mehr, weil er in die Fußstapfen seines Vaters trat, Pastor wurde und später zum Vorsitzenden gewählt wurde.

Für die gesamte Gemeinde war es eine große Überraschung, als zutage trat, dass seine Eltern ihn adoptiert hatten. Nur einige ältere Pastoren hatten davon gewusst, es allerdings nie öffentlich gemacht.

Aus heutiger Perspektive fällt es vielleicht schwer, das nachzuvollziehen, aber die Nachkriegsrealität sah vollkommen anders aus als die heutige Wirklichkeit. Der Zweite Weltkrieg hatte Polen ruiniert. Die Deutschen waren die Angreifer und langjährigen Besatzer gewesen, deshalb war Janek «ein Kind der Feinde». Die Adoptiveltern versuchten aus diesem Grund die Wahrheit zu verbergen, damit niemand Janek als «feindlichen Bastard» behandelte.

Seine leiblichen Eltern wiederum erlebten, was für ein Trauma es für ihre älteren Söhne war, aus den Pflegefamilien wieder zu ihnen zurück zu kommen, da sie ihre Pflegeeltern inzwischen als ihre eigenen Eltern betrachteten. Das veranlasste sie dazu, keine entschiedeneren Schritte einzuleiten, um Janek zurückzugewinnen. Aber auch aus politischen Gründen wäre das Ganze im Europa der Nachkriegszeit ausgesprochen schwierig gewesen.

Grundsätzlich darf man gewiss mit Fug und Recht (und ohne jemandem zu nahe zu treten) behaupten, dass jeder Mensch sich gewisse schwierige Ereignisse und bedrückende Puzzleteile seines Lebens in seiner Gedankenwelt so zu einem neuen Ganzen zusammenbaut, dass sie eine Art von «ganz eigener Wahrheit» ergeben.

Eine Wahrheit zumindest, die all ihrer harten Seiten zum Trotz nicht mehr das Potenzial hat, den Betreffenden unterkriegen zu können, sondern ihm ein intaktes und gutes Weiterleben ermöglicht. Eine Wahrheit also, mit der sich leben lässt – auch wenn sie nicht zwingend in allen Punkten stimmig ist. Und die man dann auch nicht andauernd wieder hinterfragt oder umstößt.

So hat es auch Janek lange getan – im Grunde genommen fast fünfzig Jahre lang. Bis die «wirkliche Wahrheit» seiner Seele zumutbar war und er sie verkraften und verarbeiten konnte. Er hat es nicht bereut, sich ihr geöffnet und gestellt zu haben, ganz und gar nicht!

Geschichtlicher Hintergrund

Die Geschichte der Grenzstadt Gleiwitz (heute: Gliwice)

Gleiwitz (wo Janek 1944 geboren und dann ins Kinderheim gegeben wurde) war eine Stadt in Oberschlesien, einem Gebiet, das im frühen Mittelalter zum Großmährischen Reich, dann zu Polen, und ab 1348 zum Heiligen Römischen Reich Deutscher Nation gehörte. Innerhalb des Reiches wechselte die Zugehörigkeit zu verschiedenen Teilstaaten. Zunächst gehörte Oberschlesien zu den Ländern im Besitz des Königreichs Böhmen. Als dieses 1526 an die Habsburger fiel, wurde Schlesien Teil Österreichs.

Infolge des Schlesischen Kriegs zwischen Preußen und Österreich kam Gleiwitz 1741 unter preußische Herrschaft.

Nach dem Ersten Weltkrieg verblieb die Stadt 1922 – aufgrund der Teilung Oberschlesiens im Gefolge des Versailler Vertrags und einer Volksabstimmung – beim Deutschen Reich.

Der Zweite Weltkrieg begann in Europa mit dem deutschen Überfall auf Polen am 1. September 1939. Zwischen März und Juli 1944 entstanden in der Grenzstadt Gleiwitz vier Nebenlager des Konzentrationslagers Auschwitz I.

Am 24. Januar 1945 besetzte die Rote Armee Gleiwitz. Zwischen Januar und März 1945 ermordeten die Rotarmisten zwischen 1.500 und 3.000 Gleiwitzer Zivilisten. Zwischen Februar und März 1945 wurden tausende Personen zur Zwangsarbeit in die Sowjetunion abtransportiert.

Die Stadt wurde infolge der Potsdamer Beschlüsse an Polen angeschlossen, in «Gliwice» umbenannt und am 18. März in die Woiwodschaft Schlesien eingegliedert.

Im Mai 1945 zogen in Gleiwitz die ersten Polen zu, und es begann die Verdrängung der einheimischen Bevölkerung aus deren Wohnungen und Häusern. Im August 1945 wurde ein Durchgangslager für die Deutschen, die für die Vertreibung vorgesehen waren, eingerichtet. Am 6. August 1945 begann die örtliche polnische Verwaltungsbehörde mit der Vertreibung der örtlichen deutschen Bevölkerung in die Britische Besatzungszone. Um die Spuren der deutschen Geschichte der Stadt zu verbergen, wurden in den 1940er und 1950er Jahren «Entdeutschungskampagnen» durchgeführt. Dazu gehörten die Beseitigung deutschsprachiger Schilder und das Entfernen deutschsprachiger Inschriften und Beschriftungen.

Von derselben Autorin weiterhin erhältlich

Lidia Czyż
Stärker als der Tod
Erst wer gelitten hat,
kann die Macht der Liebe
wirklich verstehen

288 Seiten, Paperback, 13 x 20,5 cm
12.99 € [D] / 13.40 € [A] / 19.80 CHF*
* unverbindliche Preisempfehlung
Bestell-Nr. 192027
ISBN 978-3-7655-2027-3

Der Bestseller aus Schlesien. Gleichzeitig eine wahre Geschichte: Ein junger Mann namens Radek beginnt einen Briefwechsel mit einem Pfarrer und erzählt ihm seine Geschichte, sein Schicksal. Die Kindheit schwer, die Jugendjahre belastet, die Mutter im Alkohol gefangen. Die große Liebe verläuft dramatisch. Seine Freundin Julia kriegt Aids, holt sich eine Meningokokken-Infektion. Radek pflegt sie bis in den Tod. Eine Bilanz voller Verzweiflung und Einsamkeit. Und doch bricht unvermittelt Hoffnung durch. Ob der Mensch im tiefsten Elend doch nicht ganz allein ist? – Ein Buch, das man in einem einzigen Zug durchliest! Dynamisch, überraschend, kraftvoll. Dem Leben abgerungen. Und irgendwie wunderschön.

Von derselben Autorin weiterhin erhältlich

Lidia Czyż
**Es blieb mir
nur die Hoffnung**
*Die lange Suche
nach dem eigenen Vater*

320 Seiten, Paperback, 13 x 20,5 cm
14.00 € [D] / 14.40 € [A] / 19.80 CHF*
* unverbindliche Preisempfehlung
Bestell-Nr. 204132
ISBN 978-3-03848-132-4

Es gibt Geschichten, die man nicht begreift: Eine Mutter ent-
führt ihr eigenes Kind und verlässt dessen geliebten Vater. Sie
beginnt eine neue Beziehung zu einem Mann, der sich als bru-
taler Schläger entpuppt. Damit verändert sich ihr Leben und
das ihrer wunderschönen Tochter Nadia für immer. Fortan
pflastern Misshandlung, Abhängigkeit und ein tiefes Gefühl
von Verlassenheit ihren Weg. Ihre jahrelange Odyssee führt
sie von Polen über Tschechien bis nach Italien. Der Weg ist
weit und hart, aber es gibt einen inneren Faden, der sie am
Leben hält: Der Gedanke, dass es ihr eines Tages gelingen
wird, ihren leiblichen Vater doch noch zu finden, hält sie am
Leben. «Ich bin mir sicher, dass ich – wenn ich nicht so gelitten hätte – niemals so verzweifelt nach meinem Vater und
seiner Liebe gesucht hätte», meint Nadia. Das erlebte Leid
hat sie auf eine Reise vorbereitet. Eine Reise, die sie nicht nur
zurück zu ihrem Vater führt. Sondern am Ende auch zu dem
Gott, der ihr im «Vaterunser» begegnet.